ねえ、私の話聞いてる？※

と言われない

「聴く力」の強化書 ［第2版］

あなたを聞き上手にする
「傾聴力スイッチ」のつくりかた

心理カウンセラー・傾聴講師
岩松正史

自由国民社

はじめに

この本を読めば、人の話が上手に聴けるようになります。

聴き上手になるためのポイントと流れがわかります。


もしあなたが誰かと仲良くなりたければ、お互いの共通点をどんどん見つけてその話題で盛り上がれば仲良くなれます。

逆に、この人とはあまり話したくないと思ったら、相手を無視し続ければ、自然とあなたの前からいなくなります。

共通点を探すのも無視するのも、コミュニケーションの一つの形です。

いいか悪いかはともかく、必要な時にそれを使うことでコミュニケーションのバリエーションは増えます。


これらとは別に、「**傾聴**」というコミュニケーションの方法があります。

傾聴は、相手との共通点を探して仲良くなることとも、相手を無視することとも違う「**そ**

のまま受け止めて支える」ための「聴き方」です。

いままで「人の話を聴くことは難しい、大変だ」と思っていたなら、それはただ聴くときに大切なことを知らなかっただけのことです。

たしかに「聴く技術」を身につけるには時間が必要です。でも、正しく知れば一人で悶々と苦労していた時よりも圧倒的に速く身につけることができます。

さらに上手に聴けるようになるだけでなく、聴くことが好きになります。

聴けば聴くほど人間関係が楽になります。

ここには特別なことは書いてありません。だれでもできる普通のことだけです。

でもこれを読むことで、最短距離で聴き上手になれます。

「聴く」ということがまだよくわからない、あるいは大変とか、難しいと思っているあなたにぜひ読んでいただきたいと思います。

そして、聴き手となる「あなた」が楽になるために、ぜひ使っていただきたいと願っています。

目次

第4章　よくある質問　213

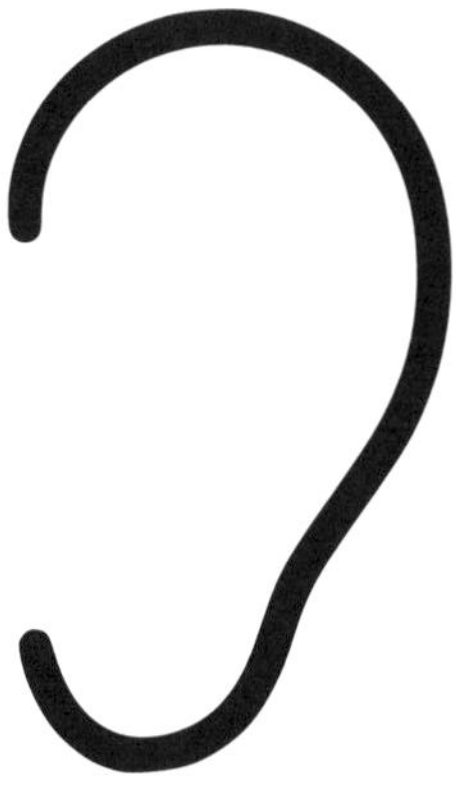

第1章
「話を聴く」って、どういうこと？

1　話が聴けない、こんな人

あなたは、話を聴こうと思ったのに、途中で耐えられなくなって口を開いてしまったという経験はありますか？

◆ブレイカーがとんだ社長

ある社長さんから聞いた話です。

その会社には11人の役員がいました。

社長は、いつも役員会議でしゃべってばかりの自分を少し反省していました。

そこである日の役員会議では、先に全員の話を聴いてから自分の意見を言うことに決めました。

1人目、2人目、3人目、4人目…ここまでは順調です。

5人目まで来た時、自分の思っているのとは反対の意見を持つ人の話が耳に入ったとたんに、「ちょっとまって」と一言だけ注意しようと思い、口を開きました。

……


ふと気がつくとそれから60分、ずっと一人でしゃべりまくっていたそうです。

それで「自分にガッカリした」なんて言う人もいます。

聴く耳のブレイカーがとんでしまったのです。

聴く耳のブレイカーがとぶと、周りの人も迷惑でしょう。

それが目上の立場の人ならなおさらで、部下は黙って聴くしかありません。

でもブレイカーがとんでしまった本人も、実は落ち込んでいたりするのです。

傾聴の訓練をして「話が聴ける」ようになると、１００％とはいいませんが、この「ブレイカー」がとばなくなります。

2 話が聴けない人のタイプ

「話が聴けない」人には、いくつかのタイプがあります。

どんな風に「聴けない」のか、ここでは11のタイプに分類してみました。

あなたが該当しそうなものがあるか確認してみてください。

自分だけでは判断しにくいものもあるかもしれません。またどれか一つではなく複数該当するかもしれません。

まずは現状確認です。どれくらい聴けていない危険性があるかチェックしてみましょう。

① 勘違い型

傾聴をちゃんと理解していないけれども、聴けていると思い込んでいる人。我流のため聴き方の使い分けはできていない。

でも本人の中では聴く姿勢はとるため、ちゃんと聴けていると勘違いしている。相手にわかってもらった感じがちゃんとあるかには関心が向かない。

自分だけの基準で聴けていると思い込んでいるが、相手は全然聴いてもらった感じがしていない自己満足であることがある。
〔このタイプの心の口癖〕
「ちゃんと聴いていますよ」

②ロボット型

カウンセリングやコーチングの学習経験者に多い。マニュアル的な知識と技術を持っている。それを正確にやることが傾聴であると信じている。

会話を通した相手との関係性がどうなっているかよりも、マニュアル通りにできているかに関心が高い。

あるいは相手が自分の目の前で喜んでくれたかどうかなど表面的な成果をみて、いい聴き方ができたか判断をする傾向がある。

機械的で無機質なくり返しであっても、習ったとおりにできていれば聴けていると思う。

〔このタイプの心の口癖〕

「いまの応答は正しかったかな？」

③カタルシス至上主義型

たくさん話すとすっきりする効果をカタルシス効果という。

話を吐き出させることを目的にしている人。

話せるような関係性や場の雰囲気がまだちゃんとできていない状態でも、とにかく「話したら楽になるよ」と説得して吐き出させようとする。

吐き出させることができた自分、そして秘密を暴露してもらえたことに自己満足し、相手のためにいいことをしたと思い込んでいる。

〔このタイプの心の口癖〕

「吐き出すと楽になるよ」

④わかったつもり型

「ひたすら耳を傾けていればいいんだ」と感情的な側面を重視する。

「気持ちで聴く」「ただただ寄りそう」など姿勢のみを強調し、知識や技術的な裏付けが乏しく感覚重視。勘違い型と違うのは、「感情」に傾斜しているという点。

感性が豊かであるため相手の気持ちがわかったつもりになりやすいが、実は相手の感情ではなく自分の個人的な経験のフィルターを通した同感であることが多い。

自分の感情と相手の感情の境界線が曖昧で、安易に同調を示す。

〔このタイプの心の口癖〕「**わかるわかる。あなたの気持ち**」

⑤ 会話泥棒型

すぐ口を出したくなる。

相手の話をきっかけに常に自分が話すタイミングをうかがっている。自分の経験や知識を披露したがる。

お願いもしていないのにアドバイスを始める。話し出すと止まらない。

自分が話したいがために相手といるだけで基本的に他人の話は聴いていない。

〔このタイプの心の口癖〕

「**私の場合は…**」「**私が知っている情報では…**」

⑥ 無関心型

話を聞きながら「早くこの話終わらないかな」など別のことを考えている。

会話泥棒型のように口は出さない、心ここにあらずでちっとも話を聴いていない。ただそこにいるだけ。
〔このタイプの心の口癖〕
「早く終わらないかな」

⑦沈黙型

相手の反応を過度に気にする。怒られはしないか？　怒らせはしないか？ということに意識が向いてしまい、対話できず黙り込んでしまう。

表面上うなずいたりあいづちを打ってはいるものの、心ここにあらず。緊張しているか焦っているかで、話の内容はちゃんと聴いていない。

結局空返事していたことがあとからバレてしまい、かえって相手を怒らせてしまうこともしばしば。

〔このタイプの心の口癖〕

「どう思われてるのかな？」「私を怒らないで」

⑧沈黙恐怖症型

沈黙になるのが怖いのでとにかくしゃべり続ける。

会話は続いても表面的で上滑り。中身が薄い会話が永遠と続く。
沈黙型がおしゃべりになる、逆パターン。
〔このタイプの心の口癖〕
「沈黙になったら大変だ」

⑨身近な人は苦手型

身近な人にすぐ感情的に反論したくなる。
他人の話なら感情的にならず聴けても家族、部下、後輩、友だちなど身近になるほど聴けない。**多くの人が該当している可能性がある。**
〔このタイプの心の口癖〕
「そうじゃないでしょ」「私の話を聴け！」

⑩はじめから聴く気がない型

聴きたいとも思わないし聴く必要も感じないから聴かない。信念を持って聴かないと決めている人。聴きたくない人に無理やり聴かせることはできない。

あなたの周りにこのタイプの人がいて困っているなら、あなた自身がその人との距離の取り方をどうするかを考えたほうがいい。
〔このタイプの心の口癖〕
「聴いてどうなる」

⑪ 発展途上型

聴けない自分を感じつつも聴くことをあきらめていない人。

他人をコントロールしたいという欲望や、聴けていないという自覚をちゃんと持ちながら日々練習に励んでいる人。

自分のできていないこと、至らないことを素直に認められる人。

〔このタイプの心の口癖〕

「聴けてないけれど、聴けるようになりたい」

＊

いかがでしょうか、いくつか該当しましたか？

すべての要素は複雑に絡みあっているので、一つに絞ることはできないかもしれません。

聴けない人のタイプを分類したのは、あなたを責めるためではありません。

これからよりよくしていくための現状確認です。

聴けない訳がわかれば、そこは手当てできます。


ポイントは簡単です。

あなたが「タイプ⑪」の要素ももっているなら、他の要素がどれだけあっても十分聴き上手になれる要素があります。

（ただしタイプ⑩の人を除いて…）


さあ、始めましょう。

3 傾聴って何？

ここで、かんたんに「傾聴」という言葉の意味について触れておきます。

「傾聴」は、アメリカの心理学者カール・ロジャーズが提唱した「来談者中心療法」がベースだといわれています。

ロジャーズは、聴き手にとって大切な姿勢は以下の3つだと言っています。

1. 受容（無条件の積極的関心）
2. 共感（共感的理解）
3. 一致（純粋性）

「受容・共感・一致」という言葉は、カウンセリングを学んだ人であれば一度は耳にしたことがある言葉でしょう。

受容

・相手の存在に条件をつけない
・一人の人間として尊重する
・いい悪いと評価しない
・否定、非難、批判、審判しない…などなど

共感

・相手とともにわかろうとする
・自分が感じているものが相手が感じているものと同じかどうか確認する
・あたかも相手の精神的世界を自分自身の世界であるかのように感じ、しかもその際自分の感情を巻きこませない…などなど

一致

・体験と自己認知にズレがない
・人と向き合っているときの自分に意識が向いていること

・必要があれば感覚的に正確に自分を表現できる状態にあること
・聴き手が自分自身を欺かない…などなど

ここでは最低限のことだけご紹介しておきます。興味を持った方は、ロジャーズについて書かれた他の書籍やカウンセリングのテキストなどを見てみてください。

◆私にとっての傾聴

ロジャーズが言っているのと全く同じかどうかわかりませんが、私自身は、傾聴をこのように理解しています。

「聴き手自身が自分の心を傾聴できた分だけ、話し手の心の声を聴けるようになること。またはそのための技術」

このように、（教科書の暗記ではなく）自分なりの傾聴の定義（理解）を一つしっかり持っておくと、傾聴の練習がしやすくなります。

4 傾聴は「感情」にアプローチする

◆**カウンセリングの3つのアプローチ**

カウンセリングのアプローチは、大きく3つに分けられます。

①「行動」にアプローチする
②「認知」にアプローチする
③「感情」にアプローチする

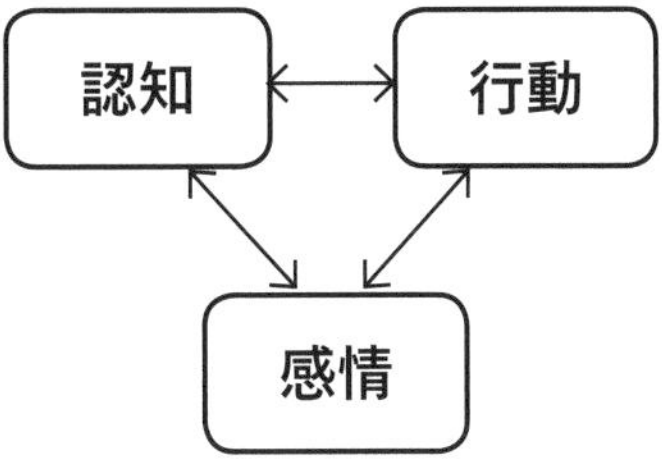

他にもG．フロイトの精神分析やユングの夢分析など、過去のトラウマにアプローチする方法もあり、現在カウンセリングの手法は何百もあるといわれていますが、ここでは傾聴という言葉の意味を理解していただくために最低必要と思うものを挙げています。
それぞれ見ていきましょう。

①行動にアプローチする＝「やらせてみる」

行動に関わるとは、企業でいうならOJT（On the Job Training）といえばわかりやすいでしょうか。簡単に言えば、「やらせてみる」ということです。

やってみて上手くいったら「やった！　できた！」と感情はよくなります。感情がよくなると、「またやってみよう」と認知はプラスにとらえる（考える）ようになります。そして、プラスにとらえると次の行動もプラスになる、というわけです。

当たり前と言えば当たり前ですね。

そのときに、何をするかという行動の部分に対してアプローチする方法です。

②認知にアプローチする＝「教育する」

認知にアプローチするとは、簡単に言えば「教育する」ということです。学校の教育や講演会なども、子どもや参加者の認知（考え方）にアプローチしているといえます。

適切な例かわかりませんが、たとえばアルコール依存症で治療中のCさんがいたとします。Cさんが治療を始めてから3カ月くらいたった時、主治医の先生にこんな風に相談したとします。

Cさん「先生、もう3カ月お酒を飲まずに来たのです。もう大丈夫です。自分で管理できるから、一日1杯だけ飲んでもいいでしょ？」

それに対して主治医がこう答えたとします。

主治医「それは典型的なアルコール依存症の人に見られるパターンです。今が一番大事な時期ですから、まだしばらく我慢をして様子を見ましょう」

これは、主治医の先生がCさんの「認知」に対して働きかけています。

そして、Cさんが主治医からのアドバイスを納得して、そのように行動したとします。

この場合の行動は「お酒を飲まない」という行動です。

先生の言う事を聞いて、納得して行動した結果、体調がより回復したり、あるいは似た症状で3カ月くらいでお酒を飲み始めてしまい、症状が悪化してしまったような人を目の当たりにしたりすると「飲まなくて良かったなぁ」と、感情はホッとして嬉しくなります。

このようなプラスの感情が生まれると、つぎに認知は「この先生のことを信じてみよう」となり、またそのとおりに行動します。

これが認知からアプローチするという例です。

◆認知と行動の違い

ここで少し、認知と行動の違いについて触れておきます。

最近、認知行動療法が流行《はや》りです。イギリスで認知行動療法ができる心理療法家を積極的に増やしている流れもあり、日本でも２０１０年の４月に認知行動療法が保険点数対象になりました。

「考えてから行動する」という自然な流れからみると認知と行動は常にセットともいえます。２つの違いをあえて言うと、

「行動」は何かをさせる、あるいは禁止するといった具合に「アウトプット」するものに注目したアプローチになります。

「認知」は知識や考え方に何をどう「インプット」するかに注目したアプローチと言えると思います。

いわゆる「アドバイス」と言われるものは、認知または行動（あるいはその両方）にアプローチする代表的な手法です。

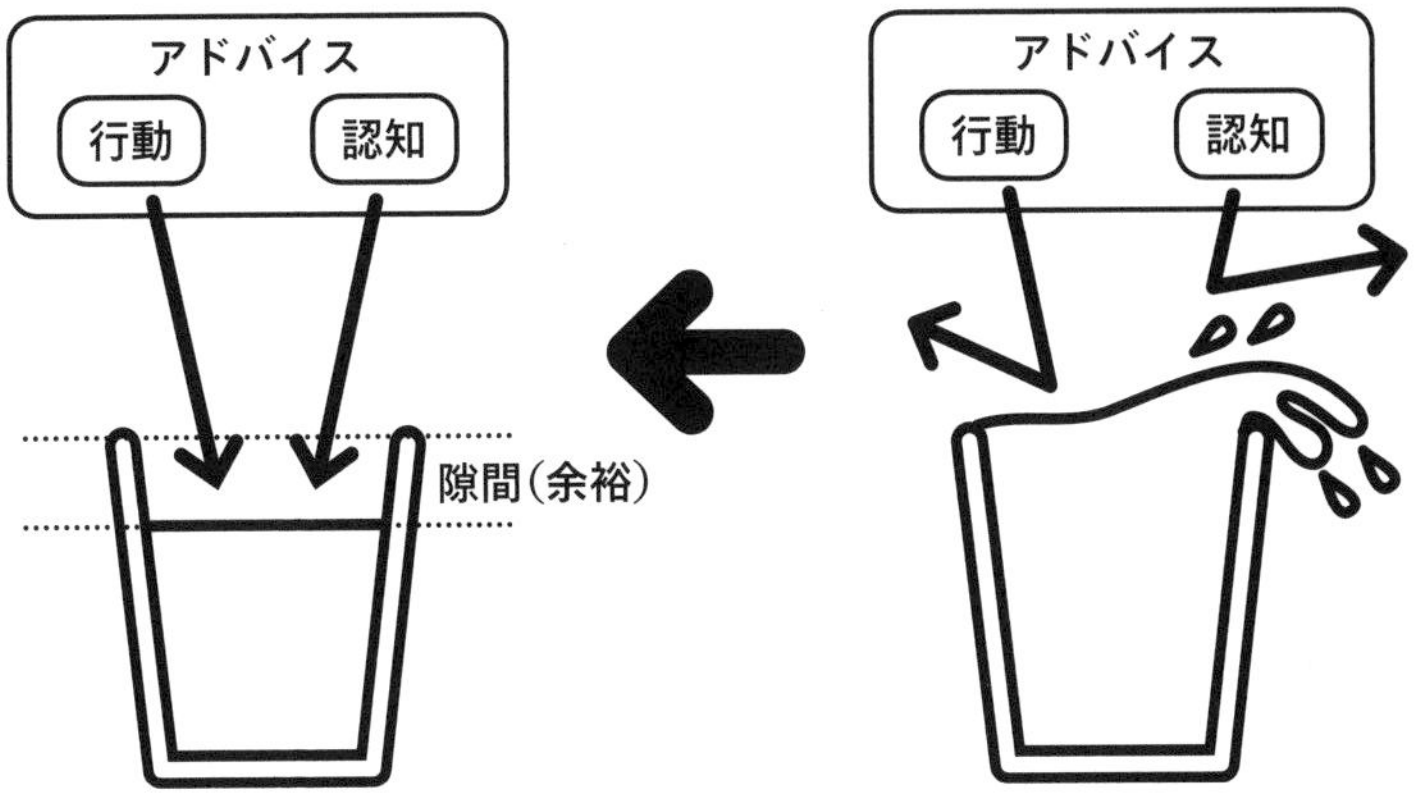

③感情にアプローチする

つぎは感情へのアプローチについてです。

感情、あるいはその人の存在そのものにアプローチするということなのですが、これは前の二つに比べてわかりにくいという人もいると思います。

先にお伝えしておきます。

実はこの**感情にアプローチする方法の一つが、傾聴なのです。**

◆「心のバケツ」

感情へのアプローチを説明するために「心のバケツ」というお話をしたいと思います。

胸のあたりに大きなバケツがあると思ってください。心のバケツです。

悩んだり苦しんだり気持ちがいっぱいいっぱいい

になっている人は、心のバケツから感情という水がダーッとあふれ出てしまっている状態です。

その人に向かって「ああ行動してみたら」「こう考えてみたら」と行動や認知に対するアドバイスをしたところで、「そうできればいいんだけれど、でも…」「うるさい！」と受けとってもらえないのではないでしょうか。

アドバイスした人が言っていることが、とても正しい正論だとしても、です。

よかれと思ってしたアドバイスなのに、相手にスッキリ受けとってもらえなかった経験はありませんか？

それは頭ではそれが正しいとわかっていても、気持ちが受け付けないのです。

心のバケツがあふれ出てしまっている人に、認知や行動の視点からアドバイスしても、あふれているから入らないし、入ったとしてもすぐに流れ出てしまいます。

まず必要なのは、あふれ出ている心のバケツの水を止めることです。

そしてできれば、心のバケツに**隙間**（＝余裕）を作ってあげたいものです。

この、**あふれ出た感情を止めて心に隙間を作る方法の一つとして、傾聴という関わり方が有効であると**、ロジャーズは自身の研究から言っているのです。

（これは医療における治療や薬の有効性と同様に、エビデンスとしてロジャーズが提唱した仮説に基づく研究結果であり、傾聴すればだれでも元気になると保証するものではありません。）

余裕がなければ、どんなに正しいアドバイスもその人の心には届かないので、実行しない。あるいは実行したとしても形だけですぐ「私には合わなかった」とやめてしまうでしょう。

アドバイスをしてはいけないとは言いませんが、その前にまず、十分に心のバケツの水位を下げることが大切です。

このことからも、**傾聴はすべてのカウンセリングの基本**とも言われています。

余裕さえあれば「ああしてみたら？」「こう考えてみたら？」とアドバイスして受け入れられるかもしれません。でも恐らくアドバイスは不要です。

なぜなら心の余裕が少しでもできた人は、たとえ1年先のことはわからなくても、これから次の一歩をどう踏み出そうかくらいは自分で見つけられるからです。

そして同じ一歩であれば他人からのアドバイスで決めた一歩より、自分で決めた一歩の方がよりパワフルで責任も負うでしょう。

自分で決めたことほど高いエネルギーを持って向き合えるのです。


このように、**行動を変えるのではなく、心のエネルギーから上げていこうというのが、感情へのアプローチの特徴です。**


ただしその人が踏み出した一歩は、あなたが願う一歩とは大きく違う方向に踏み出すかもしれません。むしろあなたが願った方向には踏み出さないことの方が多いかもしれません。するとあなたの心の中では「ちがうよ、そっちの方向じゃないよ」と言ってあげたくなるかもしれません。**でもそのアドバイスはしない方がいいでしょう。**

なぜなら**人は、自分が望まない方向にエネルギーを向けることはできない**からです。

仮にアドバイスした通りに行動したとしても、その結果が悪ければあなたの責任にするかもしれません。

逆に上手くいってしまうと、今度はなんでもあなたを頼るようになり、自分の人生を自分では決められない、自立できない人になってしまうかもしれません。社員であれば、自分では考えない、言われたことだけを一生懸命やる社員になるかもしれません。

あなたが言いたくなったらすぐに教えてあげることだけが、本当に相手のためになるとは限りません。

残念なことですが、よかれと思ってしてあげたことの中に、広い視野で見るとその人のためになっていないことがあるものです。

こちらが言いたいことであっても伝えず、その人の人生がよりよくなることを願いつつも、その人の感じたことを大切に進むことが、最大かつ唯一の支援になるときがあります。

気持ちにアプローチする支え方は、時間もかかるし忍耐も必要かもしれません。

行動や認知にアプローチするのに比べて難しく感じるかもしれませんが、解決策よりもまず相手の中にあるエネルギーの高さを支えていこうというのが感情へのアプローチであり、傾聴なのです。

5 傾聴力の「スイッチ」を持とう！

傾聴についてこのような説明をすると、反論する方がいます。

「でも傾聴だけじゃ解決できないこと、ありますよね」「アドバイスされて助かることもありますよね」。その通りです。「傾聴が最高で他のものはダメだ」「傾聴しないとダメだ」などということはありません。わたし自身、いつでも傾聴しているわけではありません。

たとえば以前、就労支援の仕事をしていたことがありました。そこではみっちりプログラムを組んで、認知行動的なアプローチをすることもありました。そんな中、もし気持ちを休める場である自宅でも、家族に対して四六時中傾聴していたら、こちらが持ちません。

しかし寄りそうことが必要だと感じた時は、傾聴のスイッチをオンにします。

つまり、聞き方の使い分けができるのが最高なのです。**あなたがもしコミュニケーションに困っているなら、「傾聴力」スイッチを持つことで聞き方の切り替えが自由にできるようになり、人間関係が楽になります。**

「傾聴」は、あなたが楽になるために、いいとこどりして使えるものなのです。

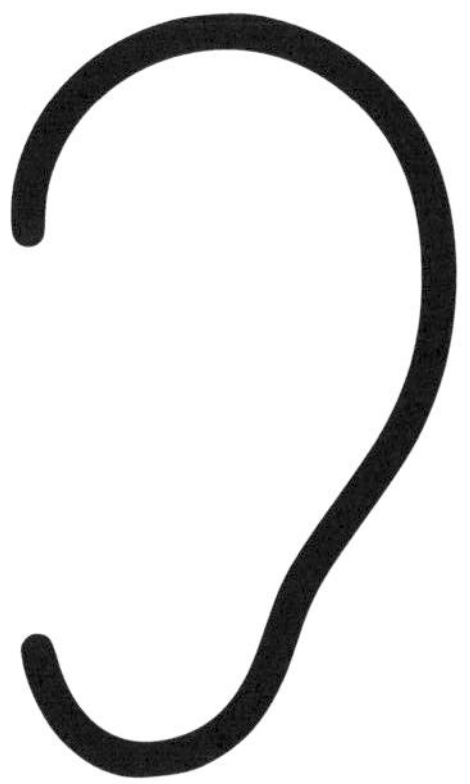

第２章
「聴ける耳」の
つくりかた

1 「聴く耳」を作ることから始めよう

「聴く耳」を作らないと、傾聴はできません。

傾聴の練習は「『聴く耳』を作るトレーニング」からはじまります。

では「『聴く耳』ができた状態」とはどういう状態か例をご紹介しましょう。

◆すれ違いがなくなる

講座を受講されたTさんから後日聞いた実話です。

「講座からの帰りに電車に乗っていたら、横で学生風の若いカップルが口げんかをしていました。

『だって、さっきそう言ってたでしょ！』『だから、そういう意味で言ったんじゃないって！』『だって、そう言ったんだからそういう意味でしょ！』

それを聴いていたら、全然会話がかみ合っていないとよくわかりました」

Tさんがいう「全然会話がかみ合っていない」というのは、お互いが伝えたい事が伝わっていないということです。

「要するに伝えたい気持ち」のことを「主訴《しゅそ》」といいます。

聴く耳ができると、この主訴が聴きとれるようになります。

主訴に合った応答ができるようになることで、不要なすれ違いがなくなります。

◆感情的にならなくなる

数年前、四国で傾聴講座を1泊2日でホテルで開催したことがありました。午前中に飛行機で移動して、午後から講座が始まりました。

そこに50代のお母さんと30歳前後の娘さんが参加していました。一緒にご商売をされているそうです。一緒に来るくらいなので仲が悪いわけではないのですが、お互いはっきりモノを言う性格で、衝突することもしばしばあるということで参加されていました。

1日目はテキストの半分——基本的な知識と「うなずき」「あいづち」、そして「くり返し」——を少しやったところで終わりました。

2日目、8時半の開始に合わせて早めに会場で準備をしていたら、娘さんが「岩松さん！」と大きな声を上げながら近づいてきました。何ごとかと驚いている私に、

「わたし昨日の夜、お母さんの話が聞けたんです！」。

詳しく聴いてみると、事情が見えてきました。

前の晩、2人はホテルの同じ部屋に泊まっていました。そこでまたささいなことから言い争いが始まりそうになったのです。いつもならすぐに反論していたところですが、その時娘さんは思いました。「せっかく習ったばかりだから、傾聴を使ってみよう」と。

自分なりに聴きながら、娘さんはこう感じたそうです。

「あー、お母さん言いたい放題言ってはるわ…」

いつもなら既に言い合いになっているはずのその場面で、**いつもとは違う関わり方ができている**自分に気付きました。

そう思えた瞬間、**反論したい気持ちがなくなっている**ことに気付きました。

「いま私、お母さんの話が聞けている！」

もちろん、たった1日習っただけで傾聴の技術が完璧に身についているわけではないでしょう。しかし、聞こえ方が少し変わっただけでも、いままでとはまったく違うコミュニケーションになることがあるのです。

聴く耳ができると、聞こえ方が変わります。

いままでだったらパソコンよりも早く（ほぼ自動的に）反論という選択を処理していたのが、**感情的にならずにその場にいられるようになります。**

◆コミュニケーションが積極的になる

傾聴が万能なわけではありません。しかし傾聴が持つ大きな特徴「気持ちを受け止める聴き方」をプラスすることで、タンスの引き出しが一つ増えたかのように、コミュニケーションの選択肢が一つ増えます。

感情的に巻き込まれる心配がなくなると、積極的に安心して人に関われるようになり、人間関係の幅が広がります。

別に「人の話は聞かなければいけない」という法律があるわけではありません。聞かないという選択肢も、当然あっていいはずです。

でも「聞けない人」が聞かないのは、ただ「聞けない」からだけです。

「聞ける人」が聞かないのは、「聞かない」という選択をしているということです。

私は後者をおすすめしています。聞く聞かないのスイッチを自分の中に持つことができるからです。

「聴く耳」＝傾聴のスイッチを自分の中にしっかり持てると、聴き手自身が楽になります。これが、私が感じている傾聴の最大の魅力です。

もちろん相手のためもありますが、自分にとってのメリットもすごく大きいのです。

2 「聴く」ということ、これだけの誤解

「聴く」ということは、ものすごく勘違いされていると思います。

「聴く」ことに対する一般的なイメージは、「大変」「我慢」「修行」「難しい」「疲れる」こんな感じではないでしょうか。

その誤解を生み出している原因の一つは、「聴くことに関する〝迷信〟」を信じている人が多いからです。

誤解を解くために、聴くことにまつわる迷信に触れたいと思います。

◆「心を真っ白にして聴く」のウソ

「頭の中を真っ白にして聴く」あるいは「心を真っ白にして聴く」という表現をよく耳にします。正直に言いますが、私は人の話を聴きながら頭の中も心も真っ白になったことがありません。

傾聴では「共感」が大事だといいます（「共感」の詳しい意味についてはあとで触れます）。

共感とは感じることです。頭や心が真っ白になったら、どこで共感するのでしょうか？

私は、いつも何かが自分の中で動いているのを感じながら聴いています。何かを感じている以上、頭も心も真っ白になってはいません。

自分の感情のフィルターに何が反応したのかはっきりわかれば、どのように対処すればいいかが分かります。

しかし何を感じているのか曖昧で、まるで雲やガスのようにつかみどころがなかったら、どうすることもできません。

傾聴の練習は、頭の中や心を真っ白にするための訓練ではなく、むしろ逆で、
自分の感情のフィルターをしっかり確認したうえで、
自分の感覚ではなく、相手の支えになる形で関わるための訓練です。

ですから、「真っ白にしよう」などと考えないことです。その時点ですでに真っ白ではないわけですから。それより自分が「何を感じているのか」について、敏感になることをおすすめします。

◆「傾聴は相手に気付きを与える」のウソ

話を聴いてもらっているうちに気付くことがあるという経験は、多くの人が持っていると思います。

しかしそれは、あくまで話しているうちに本人が気付いたというだけのことです。

傾聴する行為そのものが、相手に気付きを「与える」ことはありません。

ここを勘違いしてはいけません。

例えばあなたが話を聴いていて、相手から
「○○さん（あなた）に言われて気付きました!!」

と言われたとしたら、傾聴としては失敗です。

「いま話しながら、なんとなく思ったんですけど…」

と、聴き手の存在に関係なく話し手が気付いたことを話し始めたら、成功です。

そして相手が何かに気付いたとしても、その気付きの中身が、あなたが望んだのとは違うこともしばしばあるでしょう。

しかし前にもお話ししましたが、傾聴という行為は、それでいいのです。

たとえば身近な人に「道を誤ってほしくない」と思えば、そのことに気付いてほしいと願うのは当然だと思います。

しかし、

「他人と過去は変えられない。変えられるのは自分と未来だけだ」

〈エリック・バーン〈アメリカの精神科医〉〉

という言葉があります。

たとえ「こういうふうに気付いてほしい」と願いながら聴いていたとしても、そのように気付くかどうかは、本人に任せるべきです。

いやむしろ、次のように言うのがより正確かもしれません。

傾聴は「気付かせる」のではなく、「気付けずにいる人の心情に寄りそう」ものです。

この「寄りそって支える」ということこそが、本当の意味での気付きにつながる（可能性がある）最大の支援になるのです。

◆「似た経験があると寄りそいやすい」のウソ

傾聴では「共感」することが大事です。（「共感」については後でお話しします。）

似た経験があるからといって「共感」できるとは限りません。このことを誤解してはいけません。どういうことか説明しましょう。

以前、交通遺児を支援する団体にご縁がありました。

事故で親を亡くすという、普通ではなかなかありえない共通の体験を持っている同士だからこそわかりあえ、支えあえるという世界がありました。

アルコール依存症の回復グループ、引きこもりの子を持つ親の支援グループなども同じです。共通点があるということは安心感を与えてくれます。

しかし、共通点はあったとしても、「まったく同じ」ということはありえません。

たとえば交通遺児であれば「親を交通事故で亡くした」という経験は同じでも、亡くしたのがお父さんなのか？　お母さんなのか？　あるいは両方なのか？　状況は異なります。

また、違うのは状況だけではありません。その出来事に対するショックや受け入れられている程度、親との関係等々によって、悲しみの深さも質もそれぞれ違います。

お互いの共通点を探して話題にすることは、親しくなるためには有効です。

ただし、**相手の心を知り、支える必要があるときは、むしろ自分とは違う「その人らしさ」を受け止めるよう意識しましょう。**

◆「話の内容をちゃんと覚えていないといけない」のウソ

傾聴の目的は、話の内容を覚えることではありません。寄りそい支えることです。

「内容を覚える」を言い換えると「状況を理解する」のと同じです。

これは「ビジネス会話」的な聴き方です。

「ビジネス会話」的な聴き方は、具体的な条件にもとづいて行動するときには役に立ちますが、相手の心に寄りそうことにはならないのです。

具体的なことは、覚えようとするよりも、メモをとる方がよいでしょう。

「いつ」「どこで」「誰が」「なにを」「どのように」「いくらで」「だれと」「なぜ」…。

このような「状況」が理解できると、聞き手は安心します。

でも**「状況」をいくら理解してもらっても、話し手は安心しません。**

話し手が理解してほしいのは「気持ち」だからです。

◆「話が上手に聴けない自分はだめだ」のウソ

そもそも私たちは、大人になるまでの間、話の「聴き方」について、理論だててしっかり学んだ経験などあったでしょうか？　私はありませんでした。

親も学校も「話し方」や「伝え方」は積極的に教えてくれたのに、「聴き方」は教えてくれませんでした。唯一先生から教わった聴き方があるとすれば、「先生が話しているときは黙って聞きなさい！」ぐらいでしょうか。

大人になって研修や講座で学んだ人は別として、普通の人は「聴き方」は上手くなくて当然なのです。

ときどき、「昔はちゃんと聴けなかった」「今もちゃんと聴けない」と自分を責める人がいます。自分から傾聴を学ぼうと来る人はみんな真面目な人です。

真面目なので、問題の原因を積極的に自分の中に求め、時に必要のない責任まで引き受けようとしてしまうのです。

コミュニケーションには必ず自分以外の相手がいます。会社の上司や親、等々。その人たちより先に自分が「上手に聴けるようになりたい」と思っただけで、それは十分価値があることです。

コンプレックスを持たず、ポジティブに学んでください。

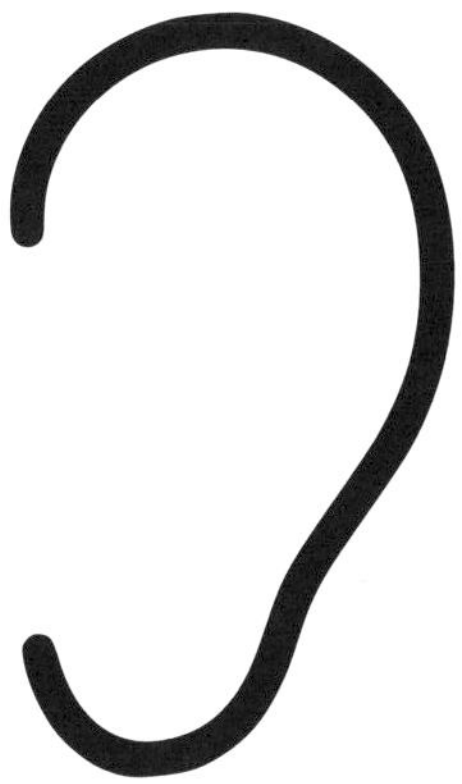

第3章
「傾聴力スイッチ」
を身につける

1 傾聴力スイッチとは

「傾聴力スイッチ」を一言でいうなら、**聴き手自身が楽になる聴き方**です。

聴く人が我慢したり相手に合わせ過ぎていると、聴くことが苦痛になって、しまいには相手のことが苦手になります。

そうなるともはや、聴くどころではありません。

聴く人が楽になると、他人に対して「本当の意味で」関心が向き、寄りそえるようになります。

逆にいえば、**本当に相手に寄りそいたいのであれば、聴き手自身がまず楽でいられることが絶対に必要です。**

傾聴の祖C・ロジャーズは、聴く人（ここではセラピスト）と他者との関係について次のように言っています。

「**セラピストが自分自身との間で援助的関係を築くことができるならば、他者を援助でき**

る可能性が高まる」。

◆傾聴力スイッチの3大要素

傾聴力スイッチを身につけるために必要なものは、全部で3つです。

1. 正しい知識と目的を持っていること
2. 1に沿って技術の練習をすること
3. 1、2に加えて「**自分と自分との関係**」**がよいこと**

この3つの原則がそろうことで傾聴力スイッチは（より早く）身につきます。
では、順番にお話ししていきましょう。

2 傾聴の正しい「知識」

正しい知識と目的を持たないまま練習を重ねても身につきません。端的にいえば、

「傾聴するとは、何をすることですか?」

「あなた自身にとって傾聴とは、何をどうすることですか?」

これらを口で説明できないうちは、傾聴力スイッチは身につきません。

ハワイに行ったことがない人がハワイの絵を正確に描くことができないように、あなたなりの「傾聴すること」の定義をちゃんと持っていないと、何回やってもあいまいなままです。

・相手の話をさえぎらないこと?
・うなずき、あいづちで応答すること?
・たくさん話してもらうこと?

・感情を吐き出させること？
・「わかるわかる！　あなたの気持ち」と言いながら一緒に涙すること？
そして、この定義をふまえて、自分は何のために、何ができるように練習をしているのかという「目的地」をはっきりさせることが必要です。

あなたは、「なぜ」「何のために」聴き上手になりたいのでしょうか。

それを明確にすることで、練習するエネルギーが湧いてきます。

＊

ここで、知識の覚え方について、おすすめの方法をお話ししましょう。

できるだけ**文字を書かずに、口に出して覚える**ことです。

書いているとき人間は思考します。思考していると、それだけで人間は「わかったつもり」になります。また、書いたものを眺めていると、脳の中で字面を追っているだけなのに、やはりわかったような気になります。

口に出せないものは脳には入っていません。口に出せる量が増えた分だけ、正しい知識が身についています。これが知識を脳に入れる時の基本です。**字に書かず、口に出す練習をしましょう。**

例えば先ほどの「傾聴とは何か？」という問いに対して、わからないながらも「う〜う〜」うなりながら、まず口に出して言ってみるのが大切です。そうすると、何がわかっていて何がわかっていないのかが、自分の中で明確になります。

わからないことが何かが明確になった後で、本などで正解を見れば「あーそういうことなのね」と必要な知識がちゃんと脳にすっと入ってきます。そうしたらまた口に出して言ってみます。これをくり返すと、記憶に定着します。

◆必要な知識は3つ

傾聴が上達するために最低限必要な知識は３つです。
①「**事柄**」と「**気持ち**」の違い
②「**同感**」と「**共感**」の違い

③「**一般会話**」と「**傾聴**」の違い
この3つは最低限自分の口で説明できるようにしっかり頭に入れましょう。

必須知識①「事柄」と「気持ち」

傾聴で聴くのは話し手の「**気持ち**」です。

なので「**気持ちとは何か**」がちゃんと説明できると、練習に意味と価値が生まれます。

そしてここでは、気持ちではない逆のもののことを「**事柄**」と呼ぶことにします。

「事柄」⇕「気持ち」です。両者の違いがしっかり説明できれば、「気持ち」が何か理解できます。

では**事柄**とは何でしょうか？
事柄は、「いつ、どこで、だれが、何を、なぜ、だれに、どうやって、いくらで、どのくらい」という6W3H（when, where, who, what, why, whom, how, how much, how many）、

いわゆる状況や事情のことです。

これらはすべて、頭の中でイメージ化することができるものです。

事柄に耳を傾けて聞くのは、たとえばジグソーパズルの穴を埋めていく作業と同じです。

聞く人は、抜けている（足りない）事柄のピースを集めるために聞きます。

例えば既婚の女性が「昨日お母さんが家に来たんだけれど」と言いました。

それを聞いた瞬間に「ちょっとまって。それはあなたのお母さん？　それともご主人のお母さん？」という具合に、わからない事柄の穴埋めをして事情がわかると「わかった」と思います。


でも話している人はどうでしょう。

ここで「お母さん」が義理の母か、それとも本当の母かを知ってもらったところで、嬉しくなるでしょうか。

「事柄がわかる」とは、事情を知ったというだけのことで、「気持ち」がわかるのとは違います。


「事柄」には、頭の中でイメージ化してすべて見えるという特徴があります。

例えば太郎君が買い物に行った例で説明しましょう。

「昨日は母の日だったので、太郎君は地元の花屋さんでお母さんに送る花を買いにいきました。３５００円のバラの花束をクレジットカードで一つ買いました。そしてその日の夜、夕食を食べた後にお母さんに有難うと言いながらその花束をあげました」

この話を聞けば誰でも「太郎君」「花屋」「お母さん」「３５００円のバラの花束」「クレジットカード」「太郎君がお母さんに花束を渡している場面」はすべて、頭の中で想像して、イメージとして見ることができます。

このように頭の中でイメージして見えるものはすべて「事柄」です。

一方、「気持ち」は、イメージして見ることができません。

例えば「親友が笑顔で喜んでいる」を想像してみてください。

あなたは、自分の親友が笑顔でにこにこしていたり、バンザイして喜んでいる姿をイメージできるかもしれません。

では次に**「親友」と「笑顔」を取り払って、「喜んでいる」だけイメージしてみてください。**

同じようにイメージすることはできないでしょう。
なぜできないのでしょうか。
「喜んでいる」は、「事柄」ではなくて「気持ち」だからです。

気持ちはイメージして見ることができません。
ではどうやったら、気持ちがわかったと言えるのでしょうか？
その答えはこうです。

親友が喜んでいる様子を見ながら、
あなたが**「親友が本当に喜んでいるなぁ」と「感じる」ことです。**
そのとき、喜びという「気持ち」が、「わかった」ことになります。

〝花子さんが喜んでいるなぁ〟とあなたが「感じる」から、喜んでいると「わかる」のです。もし花子さんが喜んでいるのが「感じられなければ」、あなたにはその喜びは「わかりません」。
つまり目に見えるものが「事柄」で、

見えないけれども、そのようにあなたも感じられればそれが「気持ち」です。

そして、**傾聴は「事柄」ではなく「気持ち」をわかろうとするものです。**

誤解のないように申し上げておきますが、事柄を聞くことに意味がないとか、聞かなくてもよい、と言っているのではありません。


傾聴は、ただ「事柄」を理解するのとは違う聴き方だ

ということだけ、わかっていただければ結構です。

さらに言えば、

「事柄」がわからなくても気持ちはわかる（＝傾聴はできる）

という事実を、まずお伝えしておきます。

◆ワーク１

ここまで事柄と気持ちの違いを説明しました。
ここで、あなたの理解度を確かめてみましょう。
１人でできるワークをします。

【ルール】

①これ以後⑤まで、前のページを振り返って見直さないでください。
②最後までこのワークの説明を読んだら、本を一度閉じてください。
③そして次の④をやり終わるまで、この本を開けないでください。

ここまでが約束です。
では次に本を閉じた後にやることを説明します。

④**「事柄」と「気持ち」の違いについて、あなたが先生になったつもりで「いまから私があなた（誰もいなくても）に事柄と気持ちの違いについて説明します」と言ってから、1分以内で説明してください。**

説明が終わったら、最後に
「これが事柄と気持ちの違いです。わかりましたか？」と言ってください。

もしあなたの目の前に誰かがいるなら、その人に生徒役で聞いてもらってもかまいませんし、一人でやっていただいてもかまいません。

もう、この本の前のページを読み直してはいけません。

いさぎよく、このあと本を閉じて、「う〜う〜」ぅなりながらでも、何も見ないで自分の口で説明（アウトプット）してみてください。

うまく説明できなくてもいいので、最後までやり切ってください。

⑤それが終わったら、もういちど本書を開けてください。
⑥前のページを見ながら、自分の説明があいまいだった部分を確認してください。
紙に書いてはいけません。「そういうことか！」と納得しながら読むことが大切です。


先ほどあいまいだったところはクリアになりましたか？

ではとりあえず次に進みましょう。

◆**ワーク2**

次に、先ほどと同じアウトプットをもう一度やってみましょう。
①このあと、もういちど本を閉じてください。
②そして、もう一回事柄と記憶の違いについて説明（アウトプット）してください。
③いまから読み直してはいけません。
いさぎよく本を閉じて、アウトプットが終わったら、もう一度このページを開けてください。


さきほどよりは、はっきり説明できましたか？

まだあいまいな部分が残っているかもしれません。

でもまずは、それでいいのです。

1回目に何も見ずに説明して、見直したあともう1回アウトプットすれば、1回目よりはマシになるはずです。

このように「見ずにアウトプットする」ことから始めて、くり返すことで脳への定着率は上がります。

いまは先に進みますが、また時間を作って、何も見ずアウトプットするところからやってみてください。

＊

このワークを、「傾聴」という言葉すら知らなかった初心者が参加する企業研修で行っていますが、本当に先生になったつもりで3、4回繰り返すだけで、今日初めて「事柄」と「気持ち」について聞いたばかりの人が、まるで何年も前から知っているかのように流暢に説明できるようになります。

知識は読んだことがある、聞いたことがあるだけでは意味がありません。

多くのセミナーや研修は一回伝えるだけでどんどん先に進んでしまうので、知識が頭の中に残りません。知識は必要な時に使えてなんぼです。10のことを伝えっぱなしにするよりも、1か2でも使える知識として残してあげることが大切だと思います。

知識は技術の練習と違って、入れ方次第で一瞬で頭に入れることができます。

そして**一度身に付いた知識は、その後一生の財産となってずっと使えるのです。**

必要な知識はあいまいにしたまま先に進まずに、この方法を使ってアウトプットしながら、短時間でバッチリ脳に入れてしまいましょう。

◆説明の見本

参考までに、私なら事柄と気持ちの違いについて、次のように説明します。

「いまから事柄と気持ちの違いについてご説明します。

事柄とはいつ、どこで、だれが何をいくらでといった6W3Hのことです。つまり事の成り行きや事情です。

事柄はイメージで見ることができます。『太郎君が花屋さんで花束を1個買って』…全部見えます。事柄に耳を傾けて聴くのは、頭の中にある歯抜けのジグソーパズルのピースを埋めるのと同じです。事柄は、事情が見えると「わかった」と言えます。

一方、気持ちは見えません。心で感じることです。

『うれしい』と言ったとき、『お母さんが花をもらって笑っているイメージ』を想像すれば見えますが、『うれしい』という気持ちそのものは、イメージしても見えません。

『うれしい』気持ちは、相手が喜んでいるのを見てあなた自身が『うれしいんだろうなあ』と感じるから『わかる』のです。

頭でイメージが見えてわかるのが事柄、あなたの心で感じてわかるのが気持ちです」。

――これで大体1分です。

先ほど2回やってもうまく説明できなかった人は、これを参考にしても結構ですので、自分の言葉でクリアに説明できるように、頭にしっかり入れてください。

まずマネをしてみるというのも、学習方法としては悪くありません。

「気持ち」の中身についてては、このあとに出てくる「くり返し」のところでまた詳しく触れます。また「イメージが見えながら感じもする」こともあるでしょう。それについては、後の「よくある質問」に書きました。

◆なぜ「見えないもの」はわかりにくいのか

傾聴では、事柄ではなく気持ちに耳を傾けて聴きます。

先ほどの既婚女性の例を思い出してみてください。

家に来たのが義理のお母さんでも、本当のお母さんでも、気持ちには関係ありません。

「義理のお母さんか、本当のお母さんかの違いをわかってくれてありがとう」などと感謝されることがないのは、容易に想像できるでしょう。

事柄ではなく、
その事柄について感じている気持ちをわかってほしくて話しているのですから、途中で事柄が見えないからといって、途中で話をさえぎって質問してはいけません。

せっかく今から「気持ち」を話そうとしているのに、途中で止められて事柄の質問をされてしまうと、何を話そうとしていたのか忘れてしまったりします。

事柄の理解を深めるのではなく、気持ちを聴くのです。

そうはいっても私たちは6W3Hのように「見えるもの」が好きです。見えるものは、安心するからです。

「お父さんは今ここにはいないけれど、どこかで元気に暮らしています」と言われても、いまここにいないと不安ですよね。

「人間は肉体は滅んでも魂は生き続けるのです」などとと言われても、やっぱり見えないから不安ですよね。
結局、みんな「いまここで見えること」を信頼するようになります。
日常生活も「見えるもの」を中心に過ごすことに慣れています。
見えない「気持ち」とのつきあい方など、習ったこともないから苦手なのは当然です。

でも、どんなに理屈っぽい人でも、本当にわかってほしいのは「気持ち」です。

傾聴は、難しいものではありません。**やったことがないからできないだけです。**
練習をすれば必ず、その人なりに上達します。
この本書では、それができるだけ早くできるようにポイントをお伝えしていきます。

必須知識②「同感」と「共感」

次に重要な知識は、「同感」と「共感」の違いです。
「同感」と「共感」の違いがわからないと、いくら練習をしても、傾聴は身につきません。傾聴ができるかどうかの生命線だと言えます。

「事柄」と「気持ち」のところで、傾聴は気持ちを感じることだとお話ししました。

次は同感と共感の違いを理解して何をどう感じるのかを明確にしましょう。

ロジャーズも言うように傾聴では共感的に相手を理解しようとしますが、共感と似た言葉に「同感」があります。この二つの違いは何でしょうか？


答えを知る前に、いきなりですがアウトプットのワークをしてみましょう。

①このあと⑤まで説明を読み終わったら、本を閉じてください。
②そして「同感と共感の違い」について、先生になったつもりで説明してみてください。
③わからなくても本を見てはいけません。準備のために何か書きだしてもいけません。
④いさぎよく本を閉じて「同感と共感の違い」を1分以内で説明してみてください。
先生役ですから、目の前に誰もいなくても「いまからあなたに共感と同感の違いについてご説明します」から始めてください。

そして最後は「これが同感と共感の違いです。わかりましたか？」で終わりましょう。

⑤アウトプットが終わったら、もう一度このページを開けてください。
ではどうぞ。

――いかがでしたか？
同感と共感の違いを勉強したことがある方は、しっかり自分の口で説明できましたか？
もしあいまいだったならいままで誰かの話を聴いている時も同感と共感をごっちゃのまま聴いていたのです。そしてほとんどの方は、「同感」と「共感」の違いについて、習ったことも考えたこともないかもしれません。

では同感と共感の違いについて、バッチリ覚えてしまいましょう。
いろいろ他の解釈があるかもしれないと思いますが、この本では、同感と共感について私なりに一つ定義してお伝えします。

「同感」は、賛成や反対です。

相手の言ったことに全部賛成でも、部分的に賛成でも、それは全部「同感」です。

「似た経験がある」というものも、全部「同感」です。

例えば誰かが缶コーヒーを飲んで「この缶コーヒー美味しい！」と言ったとします。それに対してあなたが「私もその缶コーヒー好きです」と言えば完全に同感したということになります。また「そのコーヒーではないけれど、缶コーヒーは好きです」あるいは「缶コーヒーは飲まないけれどドリップしたコーヒーは好きです」といえば部分的に同感したということです。

別の例をあげましょう。ある人が「今度の異動でうるさい部長が上司になって参っているよ」と言いました。それに対して「あの部長うるさいよね」なら完全に同感。「その部長のことは知らないけれど、うるさい上司来ると参るよね」なら部分的に同感です。

あと、自分の過去の経験や知識から分析して、相手が直面している状況や原因がわかったような気がするのも同感です。

同感が何か、イメージできてきましたか？　とにかく「私も賛成」と言えるものが含まれていればすべて「同感」です。

では共感とは、どういうことでしょうか？


「共感」は「同感」と全く違います。

「共感」と「同感」は関係がありません。

あなたはそのことについて賛成でも、反対でも、どちらでもいいのです。

あなたがどう思うかではなく、

「相手がどう思うかをわかる」のが共感です。


先ほどの缶コーヒーの例で見てみましょう。

あなたはその缶コーヒーのことを、好きでも嫌いでもどちらでも構いません。

そして「この缶コーヒーおいしい！」に対して、

「その缶コーヒーおいしいんだね（あなたにとって）」

と、相手が感じていることを理解するのが共感です。

「**あなたにとって**」

がポイントです。

同感は「私は」で、共感は「あなたは」です。

変な話ですが、この「共感」ができないと、殺人犯のカウンセリングはできません。

よい例ではありませんが、わかりやすいかもしれないので、「親殺しの子供」という例でお付き合いください。

高校生くらいの子が、夜寝ているすきに父親を刺して殺してしまったとしましょう。

話について「同感」するのと「共感」することの違いを見てみましょう。

①完全同感　「そんなことされたら当然殺すよね」
②部分同感　「それくらいなら我慢できるけども、もう少しひどいことをされたら、（私でも）殺してしまうかもしれない」
③共感　「そう…お父さんが手を挙げたのは初めてではなかったんだね。

その日はお母さんにものすごく暴力をふるっていて…。

このままでは二人とも殺されてしまう…。今回ばかりはもうダメだ…。

今やるしかない…と思った」
③の聴き手は、「殺していい」とは思ってもいないし、一言も言っていません。
たとえ自分には理解できないようなことであっても、そうした（しなかった）ことには必ずその人なりに訳がある。

その訳を「**あなたにとってはそうなんだ**」と話し手が感じている事実を受け止めるのが、共感です。

◆言葉ではなく「感じること」が大切

ここで気をつけていただきたいことがあります。

「あなたはそうだったんだね」という言葉づかいそのものが共感だ、と勘違いしてはいけません。共感は、相手がそう感じた・そう行動せざるを得なかったことを、こちらが感じてわかることです。

あなたが本当に相手がそうした（しなかった）心情を**感じてわかっていない**のなら、口先で言っても共感ではありません。

「あなたはそう感じているのですね」

この言い方だけを練習すると、冷たく機械的な「傾聴ロボット」になったりします。


もう一つ、気をつけていただきたいことがあります。

「あ・な・た・は、そう思ったんですね」「あ・な・た・は、そうしたいんですね」と、「あなたは」に妙に力を入れてはいけません。

あまりに「あなたは」を強調すると、共感どころか、その言葉の裏にある「私は違います」「受け入れられません」という気持ちが伝わってしまいます。


結局、何も感じないのに、言い方だけマネしてもダメだということです。

何も感じないまま言うと、相手に何も伝わらないだけでなく「感じていません」ということがちゃんと伝わります。「それっぽく言う」という意識ではダメです。

あなたが感じたことだけが、相手に伝わっています。

練習する過程では「言い方のマネ」から始めてもいいと思いますが、あくまで「あなたが感じる」ことが前提になって、そこに言葉が乗っかっていると考えてください。

◆同感できない話でも、共感はできる

〝共感できない話は、どうやって聴けばいいのか？〟

——こう思ったことのある方は多いと思います。

ここで「共感できない話」と言っているのは、ここまでお話しした用語の使い分けでいえば、「共感できない」のではなく「同感できない」だけではないでしょうか。

たとえ「同感」することができなくても、「共感」することは可能です。

「同感」と「共感」をしっかり分けたうえで、「共感」することを身につけましょう。

他人のことなどわからないのがあたりまえだからこそ、1ミリでも近づけることを願い、「共感」できるところまで聴こうとすることが、とても大切です。

「共感さえもできない」という、もう一つ先のレベルの問題については、後述の「よくある質問」でお話しします。

◆ワーク3

ではまたアウトプットをして、今の時点で、あなたの中で何が明確になっていて、何が明確でないのかを確かめましょう。

①このあと説明を読み終わったら本を閉じてください。
②そして、「同感と共感の違い」について先生になったつもりで説明してみてください。
③前に戻って見直してはいけません。準備のために何か書きだしてもいけません。
④いさぎよく本を閉じて「同感と共感の違い」を1分以内で説明してみてください。
⑤アウトプットが終わったら、もう一度このページを開けてください。

ではどうぞ。

◆説明の見本

ちなみに私なら、同感と共感の違いについて、次のように説明します。
「いまから同感と共感の違いについてご説明します。

同感は一言でいえば賛成や反対です。

全部賛成でも、部分的に賛成でも、似た経験があるというのも、全部同感です。

たとえば誰かが缶コーヒーを飲んで『この缶コーヒーおいしい！』といったとき、

『私もその缶コーヒー好き！』といったら全部同感。

『その缶コーヒーではないけれど、コーヒーは好きだよ』といったら部分的に同感です。

『似た経験があるから、わかるよあなたの気持ち』というのも同感です。

共感は同感と全く違います。私が賛成かどうかではなく、『その缶コーヒー美味しかったんだね！（あなたにとって）』という風に、相手がそう思う、相手がそう感じているということを受け止めるのが共感です。

ですからこちらは賛成していてもいなくてもどちらでもいいのです。

もういちど整理します。同感は一言でいうなら『私は賛成や反対』。共感は『あなたはそう思っているんですねと受け止める』ということです。わかりましたでしょうか？」

これでほぼ1分ぴったりです。いかがでしょうか。

クリアになるまで何回も繰り返してみてください。後で楽になります。

◆自分と相手を分けるから、相手の気持ちがわかる

共感のポイントは、自分の感情と相手の感情をしっかり分けることです。

「え？　共に感じるのだから、分けるんじゃなくて一緒になるんじゃないの？」

という考えは、間違っています。

「分けるからわかる」のです。


共感という言葉から受ける一般的な印象は、おそらく〝一緒に何かを感じている〟ようなものでしょう。それでつい「わたしも似た経験があるから、わかるわあなたの気持ち～」となってしまうのです。でもそれは、この本で定義した「同感」にあたるものです。

「同感」が悪いということではありません。でも、**同感を軸にして話を聴く人は、同感できない話を聴くことができなくなります。**

そして同感できない話になると、自分の考え方を相手に押しつけて説得を始めたり、相手に無理やり合わせてイヤな気分になったりします。


傾聴は「同感」ではなく「共感」することですから、

「あなたの感情はこれで、私の感情はこれ」という風に、明確に分ける練習をします。

自分と相手の感情の**境界線が明確にわかり、感情的に巻き込まれる心配がなくなる**からこそ、安心して全力で支えにいけるのです。

自分の感情と相手の感情の境界線があいまいだと、巻き込まれやすくなります。

ですから、似た経験があるときなどは、かえって要注意なのです。

「自分の親に似ている…」「子供にいつもしてしまっていることと似ている…」

「あなたの家のご主人はいい人でいいわね…」

こんな風にもし感情的に巻き込まれてしまったら、もう聴けません。


話の中で感じられる相手の感情と、その話について生じた自分の感情とは、しっかり分けましょう。


共感ができるようになると、自分の感情を相手の感情と分けてクリアに見られるようになり、その結果、自分の感情を「脇に置いておく」ことができます。

私の場合、話を聴きながら感じた自分の感情を、左斜め前に置いている感覚があります。

もし自分の感情がガスや雲のようにモヤモヤして、つかみどころがなかったら、そうしたことができません。

クリアになることで「これは私の『同感』だから、ちょっと横に置いておいて…」と、扱いやすくなります。

相手と自分の感情を分ける。

自分の中のぼんやりした感情とクリアな感情を分ける。

分けることで、いろいろなことがわかるようになります。

必須知識③「一般会話」と「傾聴」

あなたは、「話の聞き方」を使い分けていますか？

相談や窓口業務など、聴くことを仕事にされている方の中には、聞き方を使い分けるスイッチを持っている方もいるようですが、一般的には「聞き分け」を意識している人は少ないと思います。

話し方に種類があるのと同様、聞き方にも種類があります。

話し方には尊敬語、謙譲語、タメ口などがあります。

また同じタメ口でも、日常的な会話で友だちと話すタメ口と、家族と話すタメ口は違ったりしますね。無意識のうちに、話し方はみんな使い分けています。

では、聞き方は使い分けなくてよいのでしょうか？

「仕事の時はできるだけ自分のことを言わないように心がけています」という人がいます。それは口を開かずにいるだけなので、『聴き方を使い分けている』のとはちょっと違います。聞き方の使い分けとは、耳の向け方のことです。

前にもお話ししましたが、私たちは子供のころから、話の聞き方については習ってきませんでした。学校も親も、正しい聞き方（聴き方）については教えてくれませんでした。

唯一あったとすれば「先生の話は黙って聞きなさい」ぐらいのものです。

ですから、話の聞き方の使い分けも、知らなくて当然です。

◆3つの聞き方

聞き方には、いろいろな分類の仕方があると思いますが、ここでは3つに分けます。
1. 情報収集する聞き方（訊き方）
2. 一般会話でよくある聞き方
3. 傾聴の聞き方（聴き方）

この3つの違いが理解できれば、「聞き方」を自由に使い分けることができます。
それぞれ見ていきましょう。

1. 情報収集

情報収集とは「事柄と気持ち」のところでご紹介した、いつ、どこで、だれが、何を、なぜ、だれに、どうやって、いくらで、どのくらい（量、程度）という「**事柄**」、**英語で言う6W3Hに耳を向けて情報を集めるための聞き方**です。

足りない情報を訊きながら集めていくことで頭の中にある歯抜けのジグソーパズルを完成させていきます。

例えばビジネスの場では「この商品を、来週の火曜日までに、何個、だれ宛に届けるか」といった事柄を理解することが大切です。そういう時にするのはこの聞き方です。

この場面で「事柄」をちゃんと理解しようとせず、傾聴などをしたら訳がわからないことになります。

「社長さん……あなたは……この商品が……来週の火曜日までに……届かないと……困るのですね……」何の意味もありません。

具体的に6W3Hについて決めていく場面では、情報収集のために耳を傾けることが必要です。


この「情報収集」の聞き方は、ざっくり「ビジネス」と「それ以外の場面」ということで、比較的線引きがしやすいので、使い分けができている人も多いと思います。

問題は次の「2．一般会話」と「3．傾聴」の違いをちゃんと理解することです。

これがあいまいだと、何のために聞いて（聴いて）いるのかの目的がブレます。

逆に言えば、「一般会話」と「傾聴」の違いさえ明確になっていれば、話の聞き方を間違えることはなくなるでしょう。

2. 一般会話

一般会話では、「話題」が中心になることが多いですね。
話題は「事柄」から構成されています。
例えば「Aさんがディズニーランドに行った」という話題の、AさんとBさん2人の会話です。
Aさん「昨日ディズニーランドに行ったんだ」
Bさん「ディズニーランド!?　連休中で混んでたんじゃないの？」
Aさん「すごい混んでた。人気があるアトラクションは3時間待ちだったよ。」
Bさん「やっぱりね。それでいま話題の新しいアトラクションは乗った？」
Aさん「乗った、乗った」
Bさん「いいな。私も行きたいな。食事は何食べたの？　私スモークチキンが好き。」
Aさん「ピザ食べたよ。スモークチキンは食べなかったよ」
Bさん「えーもったいない。おいしいのに食べなかったんだ。今度食べてみて」
Aさん「そうなの!?　知らなかった。今度食べてみるね」
AさんとBさんはお互いに話題についての感想や好き嫌い、あるいは知っている知識を披露をしながら会話が進みます。楽しい話であればどんどん盛り上がっていく感じです。何食べた？　何飲んだ？という風に状況を聞きながら話は進みます。このあたりは前述の情報収集の聞き方と同じです。

でも**情報収集とは聞く「目的」が違います。**

情報収集では商品を決まった期日に決まった数納品するなど目的を達成するために正確に情報を集めることが目的でしたが、一般会話は特に達成すべき目的はありません。**コミュニケーションの一環として**聞くのです。

ここが厄介です。

一般会話も傾聴も、コミュニケーションを目的にしているので、混同しやすいのです。

一般会話では相手の発言を聞いているようでいて、実は「次に自分が何を話そうか？　何を質問しようか？　どのタイミングで話しだそうか？」という具合に、自分が言いたいことに意識が向いています。

よく〝会話はキャッチボールで〟と言うように、コミュニケーションでは、相手が言ったことをちゃんと受け取ることが大切です。

でも一般会話は、思ったことをお互いが投げつけるドッジボール、あるいは自分の手元にあらかじめたくさんボール（話したいこと）を用意しておいて、タイミングを見ながらどんどん相手という的《まと》に向かって投げつけている感じです。

話を受け取っているというよりは、お互いが相手の話に触発されて、ただ自分が話したいことを話しているだけという表現が適当です。

このように、お互いに自由にボールを投げ合いながら盛り上がっていくのが、一般会話の特徴です。

聞き方としては「私は○○と思う」「私は□□が疑問」「私は△△を知っている」という風に話題の中身に耳を傾けて、「私が言いたいこと」を披露していきます。


これは、次の「3．傾聴」の耳の向け方とは、まったく違うのです。

3．傾聴

一般会話は「話題」の中身に耳を傾ける聞き方だとお話ししました。

これに対し、**傾聴で中心にあるものは、「話題」ではなく、（さきほどの例で言えば）「Aさん（人）」です。**

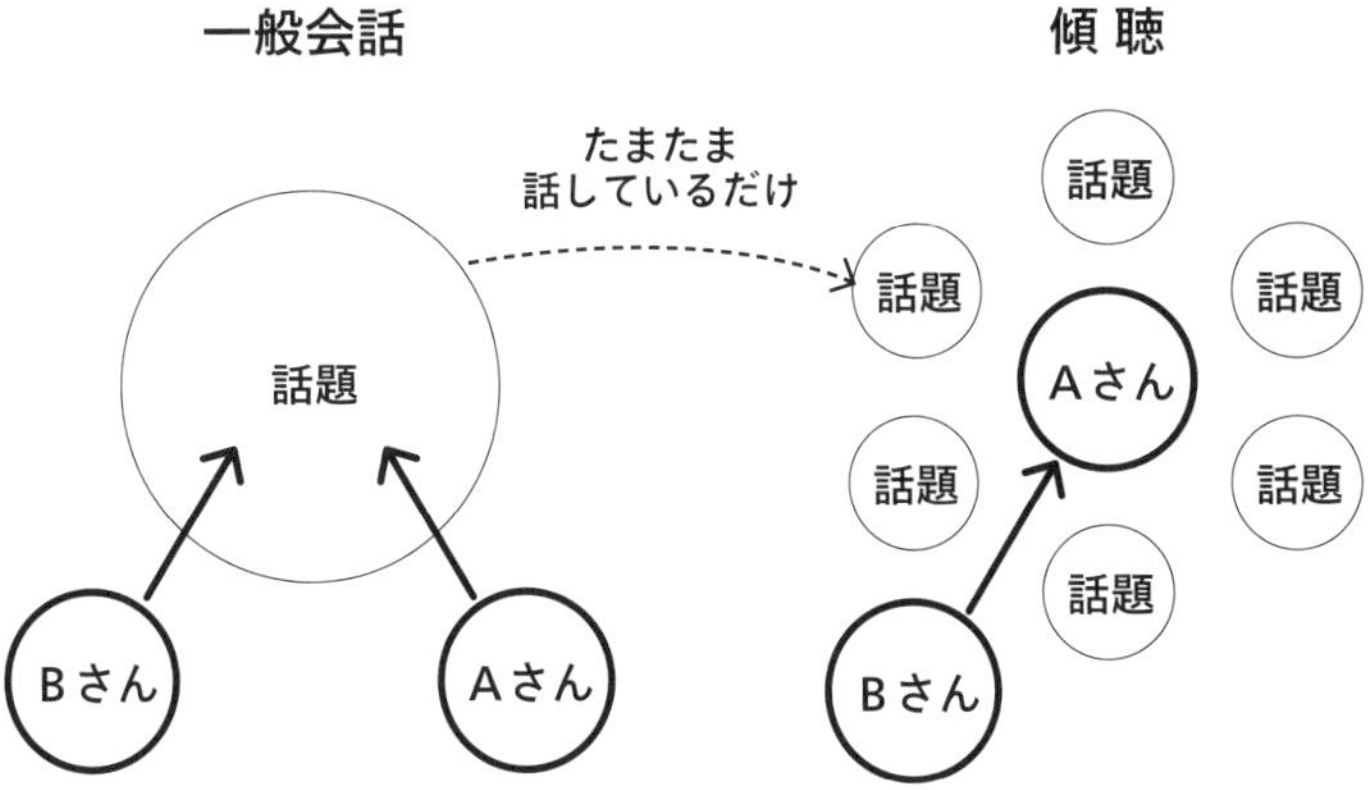

聴き手（ここではBさん）は、話題の中身ではなく、それを**語っているAさんの「気持ち」**に焦点を当てて耳を傾けます。

Aさんの周りには、ディズニーランドについての話題だけでなく家族、仕事、趣味、悩みについてなど他の話題もたくさんあります。いまディズニーランドの話をしていても、それは「話題の一つ」にすぎません。

「**たまたま今ディズニーランドについて話しているだけ**」という風に見ます。

ディズニーランドがユニバーサルスタジオに変わっても、話題の中身を聴いているわけではないので耳の向け方は変わりません。

「**話題はただの例文として聞く**」

これがポイントです。

聴き手は、話題（ディズニーランドに行ったこと）の中身がどうなのか詳しく聞くのではなく、その話題についてAさんが「どう思っているか」「どう感じているか」、**Aさんにとっての意味と価値**に耳を傾けて聴きます。

例文の中にある「ディズニーランド」「行った」は「事柄」ですから、頭の中でイメージして見ることができます。

「気持ち」とはその事柄についてAさんがどう思っているのか？　どう感じているのか？　Aさんが感じている意味と価値のことです。事柄の中身、つまりディズニーランドで何をしたか？　ディズニーランドで何を食べたか？　どのような方法で行ったか？は関係ありません。

大切なところなのでもう一度言います。

傾聴では事柄の中身や事実関係ではなく、そのことについてAさんがどう思っているか、どう感じているか（意味と価値）に耳を傾けるのです。

一般会話なら「ディズニーランドで何食べた？　何に乗った？」とディズニーランドの中身について聞くものを、傾聴では、

「ディズニーランドに行ってどうだった？　あなたにとって（楽しかった？　嬉しかっ

た？　つまらなかった？　特に何もなかった？）」

とAさんの気持ちを聴きます。

一般会話では「私は」どう思うかを披露するために聞くのに対して、傾聴は「私」がどう思うかではなく、「**あなたにとってどうなの？**」を聴きます。

◆「気持ちを聴く」ということ

気持ちを聴くということについて、もう少し詳しくお話ししましょう。

興味がなかったり、まったく知らない話題で、聞いているのがつらいと思ったことはないですか？

人間の脳はハッキリ見えるものが好きです。話題を知らないと頭の中でイメージができないので聞きにくくなります。

ただし、それは「『話題』を中心に話を聞いている場合」です。

話題ではなく、気持ちに耳を傾ける「傾聴」で話を聴くと、その問題は解決します。

私はいろいろな人にお会いする仕事柄、普通ではお目にかかれないような著名な方や政治家の先生などにお目にかかる機会があります。別にお互いに用事があるわけではなく、たまたまその場にいることになるのです。用事はないので特に話したい事柄はありません。

以前、マスコミで取り上げられた有名なお医者さんと二人きりでお話しする機会がありました。緊張しました。

好きな芸能人とか歌手だったらいろいろ聞いて、楽しい時間を過ごせるでしょう。でもまったく知らない分野の偉人、しかも興味が特にあるわけでもない分野の専門家と二人きりになったら、**あなたならどうなりますか？**

話題（事柄）中心に会話をしようとしても、到底無理です。


次の2つの例文を見比べてください。

実はこの2つの文章は、**「傾聴」の耳で聴くと、まったく同じ文章に聞こえます。**

〈例文1〉新しい療法について語るお医者さん
「最近、外科の手術手法で『パピプペ』してから『ぺポパポ』する新しい療法があるのだけれど、これがやってみるとなかなか難しいのだよ」（実際にはこんな療法はありません）。

〈例2〉アルバイトを探している大学生
「いまバイトを探していて、『パピプペ』っていうレストランとか『ペポパポ』っていう居酒屋さんとかに面接行ったんすけど、採用してもらえなくてなかなか難しいっす」

この2つの話は、同じ感情が出ています。その感情とは「**なかなか難しい**」です。

もちろん実際の場面では「××がなかなか難しいです」と、××のところに〝何について難しく感じているか〟ぐらいはつけ加えるでしょう。

それでも、傾聴の場合は、××の正体が何であるかを知識として持っている必要は（基本的に）ありません。

ただ話し手が、その事柄について「なかなか難しい」と感じている**心情さえ理解し、受け止められればいい**のです。

技法についてはあとで詳しくお話ししますが、もし「**××がなかなか難しいのですね**」と適切に応答されたら、これらの例文の話し手はどのような反応をするでしょうか？

おそらく「**そうです**」と答えるでしょう。

これが「気持ちがわかる」ということです。

私たちの脳はまったく知らない単語を言われると理解ができません。

「パピプペ」とか「ペポパポ」などと、無意味な言葉を言われたのと変わらないのです。

ですからもし「パピプペ」とか「ペポパポ」についてまったく知らない人がこれらの言葉を耳にしたら「それ知らない…」と当然思います。

「事柄」はイメージしながら理解するといいましたが、分からない言葉はイメージできないのです。

イメージができない見えない話になると、脳は「事情を聞かなければわからない」と判断して情報収集をしたくなります。そしてイメージできる情報が増えるにしたがい「わかった」と思うのです。ジグソーパズルのピースが埋まってきた状態で、「見える」ようになると「わかった」と思うのです。

でもその時わかるのは、相手の気持ちではなく、事の成り行き、事情、状況、事柄だけです。**そこに「気持ち」はありません。**

無理やりイメージを当てはめて想像（妄想？）してみることはできても、気持ちはイメージでは見えないのです。くり返しになりますが、**聴き手が感じるしかない**のです。


情報収集や一般会話でいう「わかる」は、「事情」がわかる＝イメージして見える。

傾聴の「わかる」は、「気持ち」＝目の前の人がいま何を感じているかがわかる。


おなじ「わかる」という言葉でも、言葉が持つ意味は全く異なります。

＊

傾聴を知る前の私は、たくさん人が集まる懇親会の席が苦手でした。

会話がもたず困るとお店のトイレに逃げ込んで用もないのに携帯電話をいじって時間をつぶしていました。

トイレから戻ってくるとだいたいさっきまで話していた会話が弾まなかった相手は違う人と話し始めていてくれるので、この方法はその場しのぎとしてはとても重宝しました。

そういう処世術も必要でしょう。

でもそれはコミュニケーションではありません。

ここまで読んでいただいて、「著者は傾聴が上手で偉そうにみえる」かもしれませんが、実際はいまでも聴けずに日々反省の毎日です。話すことが大好きです。

そんな私でも傾聴のおかげで、**話題についていけなくて困ることがなくなりました。**

感情が聴きとりやすくなったことによって、**人と会うことに対する苦手意識が大きく変わり楽になりました。**

傾聴の耳ができてくると、**知らない人から知らない話を聞けることがむしろラッキーと思える**ことも増えました。

知らない話題だから聞けないのではなく、**知らない話題の聞き方というものがあり、それが身についていないから聞けないだけなのです。**

同じようなことで困った経験がある方は、ぜひ「傾聴力スイッチ」を身につけて、人との出会いを楽な気持ちで楽しんでいただきたいと思います。

◆ワーク4

ではまたアウトプットしてみましょう。今の時点であなたの中で何が理解されていて、何が理解されていないか、確認することが大切です。

①このあと説明を読み終わったら本を閉じてください。
②そして、「一般会話と傾聴の違い」について、先生になったつもりで説明してみてください。
③前に戻って見直してはいけません。準備のために何か書きだしてもいけません。
④いさぎよく本を閉じて「一般会話と傾聴の違い」を1分以内で説明してみてください。
⑤アウトプットが終わったら、もう一度このページを開けてください。

ではどうぞ。

……………

うまく説明できたでしょうか？
うまくできなくても、がっかりする必要はありません。
もういちど前に戻って、あいまいだったところを確認してクリアにすればいいだけです。

どんどん理解が深まり知識として定着します。

老若男女も学歴も問わず、正しい方法で脳に入れれば、知識は必ず身につきます。

どうぞあいまいなまま残さずに、ぜひこだわってやってみてください。

この「知識」の習得は、この後でお話しする「技術」の定着にとても役立ちます。

◆説明の見本

私なら、一般会話と傾聴の違いについて、次のように説明します。

「一般会話は、話題が中心にあり、AさんとBさんはその話題について自分が思ったこと、感じたこと、知っている知識などをお互いに言いあいながら話が展開します。

『ディズニーランドに行ったんだ』に対して『ディズニーランドで何に乗ったの？　何食べたの？』『わたしディズニーランド好き（嫌い）』という具合に。

相手の話を聞いているようで、実は相手の話をきっかけにして自分が話すきっかけをもらっているだけだったりします。

傾聴は、中心にAさんがいます。Aさんの周りには無数の話題があります。そして今たまたまディズニーランドについて話しているだけだととらえます。

Bさんは、ディズニーランドの中身についてではなく、Aさんがディズニーランドについてどう思っているか、どう感じているかに耳を傾けて聴きます。

一つ一つの話題は例文なので、大した意味はありません。

Aさんがその話題についてどう感じているか、どう思っているか、Aさんにとっての意味と価値に耳を向けて聴くのが傾聴です」


これでほぼ1分くらいにまとまるはずです。

この本では触れませんが、要点を簡潔にまとめて伝える練習は、傾聴の要約の技術にも通じるものがあります。

長すぎず短すぎず、ぜひ1分以内でスッキリ言えるまで、丁寧に練習してみてください。

◆誰からも大切にされない女性

ここまで、「話題」のとらえ方について、一般会話と傾聴の違いを見てきました。

ここではもうちょっと違う角度から、傾聴の聞き方を見てみましょう。

一つの話題を始めたら、それにつれていろいろなエピソードが出てくることがあります。

たとえば、引きこもりの子を持つお母さんが相談に来たとします。

「30過ぎの息子に『仕事を探して出て行け』と言っても、なかなか言うことをきかない。どうしたらいいか」という相談内容がまず話されたとします。

いろいろ話を聞いてみると、他にもたくさんエピソードが出てきました。

たとえば、

「主人は息子のことはお前に任せてあるといって、まともに取り合ってくれない」

「姑は、子供がしっかり育たないのは母親の育て方が悪いからだと責められる」

「家族は誰も話し相手にならないので、ご近所の知り合いに愚痴を言ったら、うちも似たようなものよ、と自分の家の話を始められてしまい、話していたはずが全然違う話になってしまった」……

聞けば聞くほどいろいろエピソードが出てきて、そもそも最初の話とは全然違う話にそれていく…という経験はありませんか？

これは、
一つ一つのエピソードはすべて例文（話題）であり、それらの根っこには、伝えたい共通の「気持ち」がある
ということです。

話している人が〝要するに伝えたい〟ことを、「主訴《しゅそ》」と言います。
主訴には表向き口で話している「表の主訴」と、
話題全体の根っこにある「根っこの主訴」があります。

傾聴では表の主訴を聞きながら、「そこに**共通して流れている根っこの主訴が何であるか**」に耳を傾け、そこに応答していきます。

話題の一つ一つは「表向きの主訴」であり、すべて例文にすぎません。

問題はその例文に共通する「根っこの主訴」は何かです。


さきほどの例では息子の話を皮切りに夫、姑、近所のおばさんという4つの例文がありました。**実はこの4つには共通の根っこの主訴があります。**

その裏の主訴とは、何でしょうか？　答えを見る前にアウトプットしてみましょう。


主訴は「**つまり**」という言い方でまとめることができます。

長くならないよう、簡潔にポイントを押さえる必要があります。

ここでの主訴は何か、簡潔にいま口に出して言ってみてください。

……………


できましたか？

主訴の取り方は一つではないので、私がこれから言うものが正解というわけではありません。例としてご覧ください。

この女性の主訴は「誰も大切にしてくれない」あるいは「みんなからないがしろにされている」です。

そう言われてみれば、確かに4つのエピソードから伝わってくるメッセージは、これだと思いませんか？

主訴は、誰からも大事にされていないと感じているのですから、願いは「**大事にされたい**」です。その気持ちを伝える手段として、いろいろなエピソードを語っただけなのです。

木で例えるならエピソードは枝葉、主訴は根っこです。

「大事にされたい」と訴えている人に対して、枝葉のエピソードを解決しようとすることは木を見て森を見ず、意味がありません。

試しに、エピソードを一つずつ解決してみましょう。

「30過ぎの息子に『仕事を探して出て行け』と言ってもなかなか言うことをきかない」に対して「自治体が運営する就労支援施設があるから行ってみたら」とアドバイスしてあげたとします。

もういちど確認しますが、このお母さんの主訴は「大事にされたい」です。

「大事にされたい」と言っている人に向かって「自治体が運営する就労支援施設があるから行ってみたら」はアドバイスになりません。

同様に主人、姑、近所のおばさんの例文についてもアドバイスしてみましょう。

「主人は息子のことはお前に任せてあるといって、まともに取り合ってくれない」

←「うちも似たようなものだから、放っておけばいいのよ」

「姑は、子供がしっかり育たないのは母親の育て方が悪いからだと責められる」

←「この前昼のワイドショーで、うるさい姑の撃退法っていうのやってたわよ、それによると…」

「近所のおばさんに愚痴ったら『うちも似たようなものよ。好き勝手やっちゃえばいいのよ』と言われて…」

→「そうよ、その人の言う通りよ。あなたが思うようにやっちゃえばいいのよ」
どうでしょうか？

それぞれの解決法は、本当の主訴である「大事にされたい」を解決してあげられたでしょうか？

「カウンセリングはただ話を聴くだけでアドバイスもしてあげない、問題を解決してあげないからずるい」と言われることがあります。

私に言わせれば「**その問題はアドバイスで本当に解決するのですか？**」と思うことが多々あります。

根っこは残ったまま枝葉をそぎ落としても、枝葉はどんどん湧き出てきます。

見える枝葉をそぎ落としたことで、アドバイスした人が、あたかも問題を解決したかのように勘違いしていないでしょうか。


何度も同じような話をくり返しされたことはありませんか？

病気の症状などがある特別な場合を除けば、話し手が何回も同じ話をくり返すのは、聴き手がちゃんと主訴を聴きとり、話し手の気持ちに関われていないからです。

「わかってもらえていない」という感があると、人は何度も同じ（似た）エピソードをくり返しながら「わかって」と訴えてきます。

目に見える枝葉にとらわれていませんか？

話し手が語る内容を記憶しても、本当の主訴は見えてきません。感じることが傾聴です。

もしかしたら、次のような見方をする人もいるかもしれません。

「このお母さんは、息子の話をわざわざ一番に出したのだから、きっと息子をどうにかしたいというのが一番強い願いなのだろう。だから息子の問題を解決したいというのが主訴に違いない」。


はじめに出たから重要ということはありません。

普通、人は重要な順番からではなく、**話しにくい話があるときほど差しさわりのない話しやすい話題から話し出します**（経験のある方も多いでしょう）。

「息子の話が重要そうだ」と感じたのは、話し手ではなく、あなたのフィルターです。

前にお話しした「それは相手が感じていることなのか？　それとも自分が感じていること

となのか？」の区別がつくようになると、相手の感情を聴けるようになります。

「気持ちを聴きとり、主訴に関わる」のが傾聴です。

主訴がずれると、表面的に会話は成り立ってもお互いを理解しあうことができません。

以前福岡で講座に参加してくれた会社役員の方は、部下から「あなたの言うことは正しいけれど間違っている！」と言われたのがショックで講座に来ました。一般会話と傾聴の違いがわかり、「やっと言われた意味がわかった」と話されていました。


「見えない感情」につきあう力をつけましょう。

◆ワーク5

ここでもう一回、「一般会話」と「傾聴」の違いを自分の口で説明してみましょう。

ここまでの説明を読んで、さっきよりクリアに見えてきた人もいれば、かえって混乱したという人もいるかもしれません。

大事なのは正しく答えられることではなく、正しく答えられるようになるためにいま本当に何がわかっていて、何がわかっていないかを確かめることです。

ではやってみましょう。

①このあと説明を読み終わったら本を閉じてください。
②そして、「一般会話と傾聴の違い」について、先生になったつもりで説明してみてください。
③前に戻って見直してはいけません。準備のために何か書きだしてもいけません。
④いさぎよく本を閉じて「一般会話と傾聴の違い」を1分以内で説明してみてください。
⑤アウトプットが終わったら、もう一度このページを開けてください。

……………


できましたか?

ここでご紹介した3つの知識、「**事柄と気持ち**」「**同感と共感**」「**一般会話と傾聴**」をしっかり理解してから技術の練習をすると、身に付き方がまったく違います。

ポイントは覚えるときに「書く」のではなく、「**先生になったかのように自分の口で言えるようにする**」ことです。

知識は脳にクリアに入っていなければどこでも使えません。口に出して言える＝言語化できるということは、脳にクリアに入っている証拠です。

傾聴では、話を聴きながら感じた自分の気持ちを「言語化」して、くり返しや要約（伝え返し）する技術があります。知識だけでなく心で感じたことも、口に出すことではじめて相手に理解したことが伝わります。

例えばものすごくつらい状況の人がいたとしましょう。その人に何か声をかけてあげたい気がするのに、何と声かけしてよいかわからず困ったことはないでしょうか？

それは自分の感じていることがまだモヤモヤしていてクリアになっていないのです。

気持ちを言語化するためには、「何を感じているか」がクリアでなければできません。

知識の言語化と感情の言語化。頭と心の違いはあれどアウトプットして言語化することの大切さは同じです。

まずは知識をアウトプットできるように覚えましょう。

◆なぜ書いてはいけないのか

なぜアウトプットするときに書いてはいけないのか？ということについて補足しておきます。

傾聴は「気持ち」を「感じる」ことが大事です。一方、「書く」「見て覚える」「どういう内容だったか考えて整理する」は、すべて「事柄」中心の思考回路です。

これまでお話ししてきた通り、私たちには「事柄」で理解するというクセがついています。日常生活のほとんどは事柄で処理できるので当たり前と言えば当たり前です。

でもそのことが、「気持ち」を「聴く」傾聴ができない理由でもあるのです。

わざわざ何もない状態から口でアウトプットしてみると、そのことについてどれくらい理解できているかが感覚として明確に現れます。

あいまいに感じたところから見直しをすると、紙を眺めるのとはまったく違うスピードと質で頭に入ってきて、自分の言葉で伝えられるようになります。

「感じる」ことを優先してあげるとうまくいくという疑似体験ができます。

私たちは「事柄」での理解に慣れ過ぎていて、それがクセなのかどうなのかさえわからなくなっています。「気持ち」が大事だと理屈でわかっていても、とっさの困った時には、クセがついている慣れ親しんだ方法にすぐ戻りたくなります。ですからワークのときにはいつものロジックにはまらないよう、口を酸っぱくして「絶対に本を見ないでください」「書かないでください」「書いたモノを覚えようとしないでください」としつこくお話ししています。

「私たちは『事柄』に流れやすい〝クセ〟がある」ということを、意識してください。

3 傾聴の「目的」――「結果」との違い

傾聴についての正しい知識の次に、「**何のために傾聴をするのか？**」という目的について確かめておきたいと思います。

あなたが何かの試験を受けるとしましょう。資格試験でも学校の受験でもかまいません。そのとき「試験勉強をする目的はなんですか？」と訊かれたら、何と答えますか？

もし「合格すること」と答えたなら、それは間違いです。

合格は目的ではありません。**結果**です。

試験勉強の「目的」は、「教科書の内容をできるだけ完璧に理解すること」です。

この場合、あなたができるのは「結果を作ること」ではなく、「目的に沿って行動すること」だけです。つまり「教科書を理解する」という目的に対して、あなたができることは「勉強する」という行動だけであって、結果は別の人が決めます。どんなに願っても、試験で受験者である**あなた自身が結果そのものを作りだすことはできません。**

傾聴も同じです。傾聴の目的は、相手を喜ばせることでも気付かせることでも回復させることでもありません。これらはすべて「結果」です。

傾聴の目的は「**よき理解者になる**」**ことです。**

あなたができることは「**よき理解者になるための行動**」**をすることだけです。**

では、よき理解者になるとは具体的にどういうことでしょうか。

「**あなたはそう感じているんだね**」**という風に、相手が感じていることを、こちらも感じて理解すること**です。

それを実現するために、**受容、共感**といった傾聴の「基本姿勢」が必要で、その基本姿勢を作るために次にお話しする**うなずき、あいづち、くり返し（その他、伝え返し、沈黙につきあうなど）**の技術があります。

このように「何のために」という目的が明確になると、やるべきことがハッキリと見えてきませんか？　くれぐれも、「相手を喜ばせるために」「気付かせるために」「回復させるために」という「結果」を、目的にしてしまわないように注意してください。

目的を確認したところで、それを実現するための技術の話に進みましょう。

4 傾聴の「技術」

傾聴の技術は、**受容**、**共感**といった**基本姿勢**をつくるためのものです。

教科書的に書けば左ページの表**I**のようになりますが、わかりにくいと思うので、ここではわたしなりにもう一度まとめてみました。それが表**II**です。

「1うなずき、あいづち」→「2くり返し」→「3伝え返しによる確認」までは、この順番で練習します。

「3伝え返しによる確認」と「4質問」は、同時に両方をやる感じです。


このようにまとめ直した理由の一つに、言葉の長さがあります。

人間が使う言葉で一番短いものは「えー、えー」「はい」などのあいづちです。

つぎのくり返しは「○○なんですね」など、あいづちより長い言葉になります。

うなずき、あいづちをしっかりタイミング良く気持ちをのせて入れられなければ、それよりも長い言葉であるくり返しもできません。

Ⅰ　教科書的「傾聴の技術」

▷かかわり行動（環境整備、聴く準備、視線、姿勢、観察、声かけ）
▷簡単受容（うなずき、あいづち、くり返し）、
▷事柄への応答、感情への応答、意味への応答、要約、質問、沈黙への対応　など

Ⅱ　傾聴の技術
——わかりやすくまとめ直したもの

1　うなずき、あいづち
2　くり返し（感情のキーワード）
3　伝え返しによる確認
4　質問
5　違いをわかりあう聴き方・伝え方
6　その他、沈黙への対応　など

また、伝え返し（要約）は会話全体の文章から要点を抜き出してしますから、単語よりさらに長い文章です。ですから、単語のくり返しがちゃんとできなければ、当然伝え返し（要約）もできません。

そしてこれは言葉の長さの問題ではなく聴き取りの問題ですが、伝え返し（要約）で要点を返すには、要点が聴き取れていないと返せません。

何が要点かわからなかった時に適切な質問を交えながら確認していくので、3と4は同時に学ぶことになります。

すべてが順番通りにいくわけではなく、常に行ったり来たりしますが上達の段階で見るとやはり1→2→3の順番は崩せません。


傾聴のすべての土台はうなずき、あいづちです。


うなずき、あいづちは、家で例えるなら基礎を作る工事と同じです。

基礎がいい加減だと、いくらその上に立派な家をのせてもすぐに崩れてしまいます。

一見便利そうに見える伝え返し（要約）や質問の技法は、うなずき、あいづちでしっかり聴けてこそ、初めてその効果が存分に発揮されます。まず基礎を固めましょう。

基本技術①うなずき、あいづち

うなずき、あいづちの効果としては、「聴いてもらっていると感じてもらえる」「余分な言葉を挟まないことで、自由に話せる」「うなずき、あいづちをしながら聴くことで、聴き手自身が理解できる」などがあります。

なぜ傾聴はうなずき、あいづちから始まるといえるのでしょう。

先ほどもお話ししたように、人間が使う言葉で一番短い言葉なのがうなずき、あいづちです。この後のくり返しは単語や短い文章、伝え返し、確認は長い文章ですから、うなずき、あいづちでタイミングをとって入れられなければ、当然それより先の技術もできなくなるというわけです。

私たちは日常生活ですでに普通にうなずき、あいづちくらいあたりまえにやっていますから、いまさら習う必要もないと思うかもしれませんが、「技術」として使いこなそうとすると、「**たかがうなずき、あいづち、されどうなずき、あいづち**」です。

なかなかやりごたえがありますので、これからお伝えする通りにやってみてください。

まず基本的なことですが、「うなずき」と「あいづち」の違いはわかりますか？

うなずきは、首を上下に動かす動作です。

あいづちは、「えー」「はい」「なるほど」などの声です。

普段何気なくつかっているうなずき、あいづちですが、話している人が安心して話せるという効果とは別に「傾聴の技術」としてとらえた場合、うなずき、あいづちする目的がちゃんとあります。その目的とは「**2人のタイミングを作る**」ことです。

そのためのうなずき、あいづちのポイントは1つです。


「一緒に踊る」ことです。


「一緒に踊る」と聞くと、何か楽しい場面だけをイメージするかもしれませんが、そうではありません。「楽しい話は楽しく」「悲しい話は悲しく」「つらい話はつらく」踊るということです。

もう少し具体的に言うと、一緒に踊る中身は2つです。

①相手に伝わる強さで
②相手のトーン、テンションの変化に合わせてこちらも変化する

この2つのことを合わせて「一緒に踊る」と言っています。

例えばあなたの周りに、マシンガンのように話し出したら止まらないような人がいたとします。**心のバケツの水があふれ出している**人です。

普段話す相手がいない人ほど、話せる場面になると話し出して止まらなくなります。

そんな時は**しっかりうなずき、あいづちをしながら聴く**のが有効です。


有効と言っても60分や90分では話は終わらないかもしれません。

なにせ心のバケツから感情があふれ出ているのですから。

しかし相手に伝わる強さでしっかりうなずき、あいづちを入れながら聴き続けてくると、だんだん「**2人のペース**」ができてきます。

話すことで心のバケツから水があふれ出しているのが止まり、ゆっくりと少しずつ隙間ができてくると、話し手は「自分一人で話しているのではない」ことに気付き始めます。

つまりこちらがしっかりとうなずき、あいづちで関わることで、「2人」のペースができるのです。

このようにマシンガンのような話を聞くときにありがちなのが、適当に「ハイハイ」言いながら、その場を取り繕いながら、心の中で「どうかこの嵐が早く過ぎますように」と祈っていることです。

いくら心の中で手を合わせて祈っていても、こちらから積極的に関わらなければきっと相手は話し続けるだけです。「ハイハイ」と言うだけならば、何も「あなた」でなくても、お地蔵さんでも何でもいいわけです。

ストレスを感じないための処世術としては否定しませんが、これは「コミュニケーション」にはなっていません。

また**こちらが積極的に関わらないことで、さらに話を長引かせている**一面もあります。

人はちゃんとわかってもらえていないと無意識に感じると、同じ（または似た）話を何度もくり返すからです。長い話だから面倒くさくて聴かない→聴かないからよけい長くなる、という悪循環にはまっていきます。

「2人」のペースを作っていくことで、こちらからも関わる（伝える）タイミングができます。

たとえるなら、**大縄跳び**をイメージしたらわかりやすいでしょうか。

回されている大縄跳びに飛び込むとき、「いち……に……さん……」と体を揺らしながらタイミングをとって飛び込むでしょう。

会話という大縄跳びにうなずき、あいづちでタイミングを作りながら入っていくのです。

こんな話を聞いたことがあります。

あるハンバーガーチェーンでは、店内にお客さんがいないときでも従業員同士が「○○プリーズ」などと声を掛けあっています。

なぜそんなことをしているのかというと、**無言で淡々と作業をしている最中に、急にお客さんが入ってきたら元気よく「いらっしゃいませ！」と挨拶ができません。**

常にいいタイミングとテンションで挨拶ができるよう、状態を保っているのだとか。

「踊る」には〝一緒に揺れる〟という意味が含まれています。

会話は生ものです。楽しく始まった話が最後まで楽しく終わるとは限りません。

楽しかったはずの話が急に真面目な話になったりまた戻ったり、上がったり下がったり揺れるのが普通です。その時にしっかり揺れについてきてもらえると、わかってもらえた感じにつながります。

しかしここで、気をつけなくてはいけないことが2つあります。

まず、**しっかり聴こうとする人ほどうなずき、あいづちが単調になり、相手と一緒に揺れられない**ということです。

基本的に人間の脳は揺さぶられることが苦手で、一定の精神状態でいたいのです。まして「聴き手」という役割を自分に課して聴こうとすれば、踊るよりも真面目に聴いてしまいがちです。

もしあなたが話を聴き終わったあと相手から「真面目に聴いていただけました」と言われたら、それはおそらくほめ言葉ではありません。「ちゃんと踊ってくれた感じがなかった」「そばにいてくれる感じがなかった」というマイナスのメッセージです。

うなずき、あいづちの練習の目的は、「はい、はい」「えー、えー」と言葉を出すことではなく、真面目に聴くことでもなく、「**一緒に踊る＝揺れる**」ことです。

そして、一緒に踊ろうとするときに出てくる「**振れ幅**」にも注意しなくてはいけません。「聴こう」と自分に役割を課すだけでも単調になりやすい上に、そもそも本来自分が持っているキャラクターの枠組みがあるので、そこから外れて**相手に合わせて一緒に踊り切れない**ということではいけません。真面目な人ほど楽しい話で一緒に盛り上がるのが苦手だ

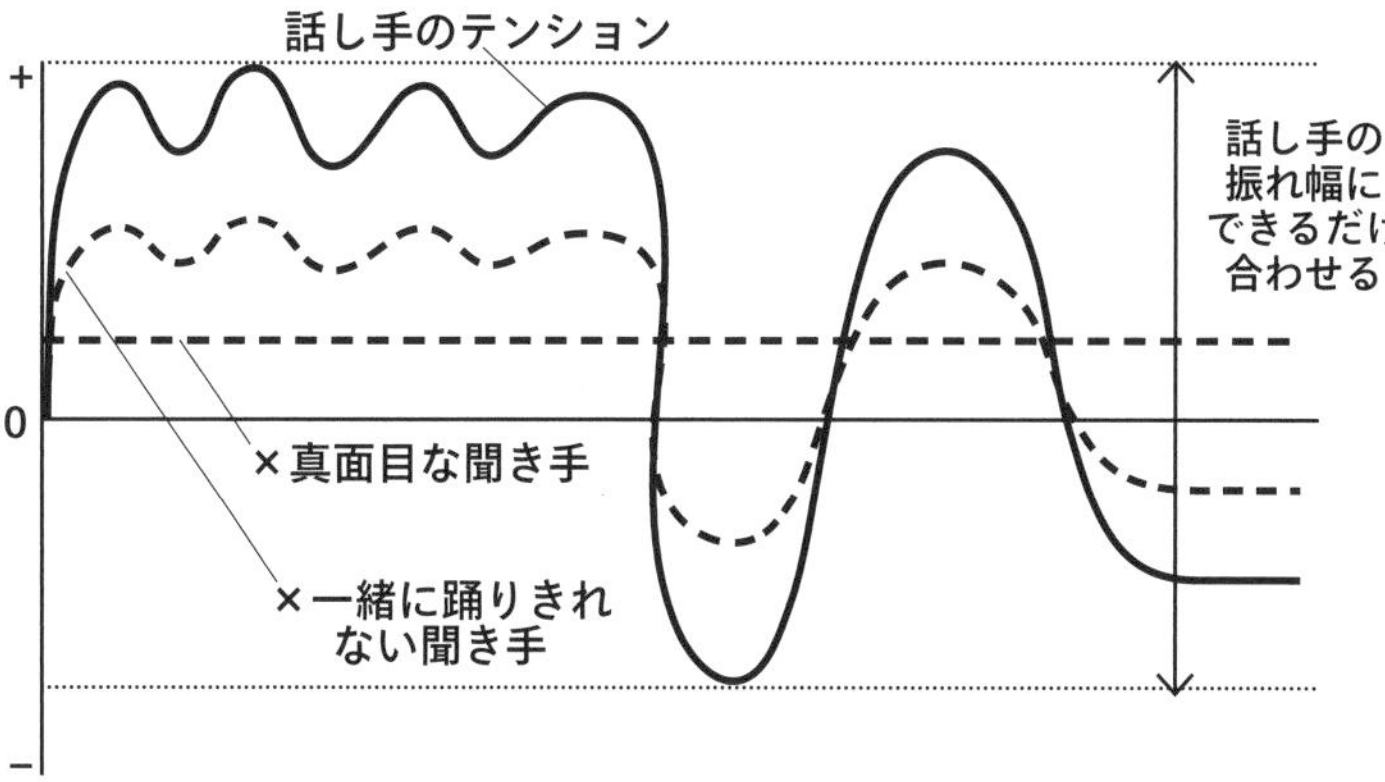

ったり、元気そうな人ほどネガティブな話を聴くのが嫌で楽しい話に変換したくなったりします。

思い当たる方はいませんか？

自分のキャラを捨てろとは言いませんが、相手がせっかく楽しく話しているのに、ただ真面目に聴かれていては、相手は物足りなく感じます。その逆も同じです。

さらに、あいづちの**声の大きさも、相手に伝わる大きさでなければいけません**。

日常的に無意識にできているうなずき、あいづちは、どちらかというと「伝えるため」というよりは、自分の中で納得した時に自然と出ているだけではないでしょうか。

傾聴のときは、それを「相手に伝える」ことを意識してやっていくということです。

ある男性は、奥さんから家でしょっちゅう
「あなた、話聞いてるの?!」
と怒られるそうですが、自分では聞こえ、理解できていても、そのことが相手にも伝わっていなければ意味がありません。
ただ大きければいいということではなく、雰囲気も含めて相手に合わせたうなずき、あいづちで伝えていきましょう。

あいづちの言葉は「はいはい」でも、「えーえー」でも、なんでもいいです。

ただし、たとえば「はい」の中にもいろいろなパターンがあります。

せかすように「ハイハイ」と言うこともできれば、納得を示すときの「はぁ〜〜い」もあります。

大切なのは**言葉にあなたの気持ちが乗って一緒に踊れるかどうか**です。


普段からうなずき、あいづちなんてしていることだから、簡単にできると思っていたかもしれません。

でも、自分のキャラクターのこと、聴く役割を持っても単調にならないこと、一緒に揺れることなどを十分に意識すると、結構やりごたえがあると感じるでしょう。

ただ漠然と「相手が話しやすくなるのでうなずき、あいづちで聴いてあげましょう」というのではなく、「**タイミングを作るために積極的に関わるためのうなずき、あいづち**」であり、「一緒に踊る」という目的を明確にして練習することで、練習の質が変わり、習得のスピードが変わります。

◆うなずきでつまずいた私

私自身、本格的に傾聴を学び始めてから半年くらいうなずき、あいづちで苦労しました。自然に気持ちを乗せられなかったのです。

困った私は勉強会で先生が他の人とやり取りする様子を見ながら、先生のあいづちをすべてメモして書き写すという行動に出ました。

マネをしてみようというわけです。

そして自分が聴き役をやるときにその中から一つか二つ課題のあいづちを選んでマネをしてみました。結果は何度やっても大失敗でした。

先生が「そうだったのね…」とさらりというとものすごく心に響いて聴こえるのに、いざ自分がそれをやるとまったく無機質で味気ないのです。

半年ほどさまざまな練習法を試みたのですが、結局違和感がぬぐえず途方に暮れてしまいました。そしてある日、私はうなずき、あいづちをあきらめて別のくり返しの練習をすることにしました。

くり返しの練習のことは覚えていないのですが、練習が終わったあと先生から言われた一言に驚きました。

「あら岩松君、うなずき、あいづちが上手になったわね」。

上手にあいづちを入れなければいけないと、心の中できつく握りしめたハンドルから手を放してみたら、真面目なだけのあいづちから自然なあいづちに変わっていたのです。

きっと半年練習したことは決して無駄ではなく、練習したからこそそうした結果につながった面もあるでしょう。

うなずき、あいづちで苦労した一人として、行き詰まったらお手本をマネするだけという真面目さの殻を一枚取り払って、「**一緒に踊る**」意識での練習をおすすめします。

◆うなずき、あいづちでの応答に違和感を感じる人へ

いままでとは違ううなずき、あいづちになるので、いままでなら質問したり何か意見を

言っていた場面もうなずき、あいづちだけでやり過ごす場合が出てきます。

中にはうなずき、あいづちに気をとられ過ぎて、話の内容をまったく覚えていないということも起こり得ます。

すると人間の脳は「いままでと違う」ことに違和感を感じます。

人間は新しいことを学びたい、変わりたいと思いつつも、実際に目の前に新しいことがやってくると、不安になり、拒否したくなるものです。

ですからお伝えしたいのは、新しいことや過去に失敗経験がある苦手なことを学ぶときには**「できない」という段階が必ずあり、いまうまくいかないからといって、必ずしもやっていることは間違いではない**ということです。

たとえばゴルフのドライバーの練習をしていたとしましょう。

その時、**まっすぐ気持ちよくボールが飛んだからといって、それが正しいスイングだとは限りません。**たまたまうまくいっただけかもしれません。変な癖がついて後でもっと苦労するかもしれません。

逆に**もしボールがまっすぐ気持ちよく飛ばなかったとしても、その練習が間違っているとは限らない**のです。

練習として正しいことと、結果がよいことは必ずしも一致しないときがあります。

できなくても、「自分がやっていることは正しい」と信じて、練習してください。

◆一瞬でテンションを合わせる練習

もし二人や複数人数で聴く練習をやるなら、次のようなワークもいいでしょう。
私がよく研修で使うワークをご紹介します。
①まず話し手と聴き手に分かれます。
②話し手は1分間、いろいろテンションを変えながら一言だけ話してください。
③聴き手は一瞬で同じテンションに合わせて言葉やうなずき、あいづちで応答します。
例えばこんな感じです。
話し手「昨日、宝くじ当たったよ！」
聴き手「すごい！　よかったね！」
話し手「飼っていた金魚が死んじゃった…」
聴き手「それは残念でした…」
という具合に1、2分くり返します。
気持ちの切り替えの訓練になりますが、話し手の演技力が求められます。企業研修など、積極的な参加者が少ない研修ではうまくいかないかもしれません。

◆まとめ

いかがでしょうか？　いままで普通にしていたうなずき、あいづちはちゃんと相手に届いていたでしょうか？

日常生活で一人で練習する場合、1日1分から始めてみてください。1人に対して1分ではなく「1日1分」です。

そして1分間余裕を持って聴けるようになったら、対象人数を増やすか2分、3分と時間を延ばしていきましょう。あせって一気にたくさんやろうとしないことです。

練習のやり方として一番いちばんよくないのは「今日はできるところまでたくさんやろう」と時間も人数も区切らず頑張ろうとすることです。

脳はエンドレスが嫌いです。時間や人数をあらかじめ決めることで目標ができ集中した練習ができるようになります。

このとき大切なことが「**1分ではまだ足りない**」**と思わない**ことです。

1分がちゃんとできると、2分やろうという意欲につながります。

2分がちゃんとできると、3分やろうという意欲につながります。

足りない側ではなく、できた側に目が向くと喜ぶように脳はできています。

技術が身につくまでの過ごし方で大切なのは、成功体験をいかに早くたくさん積むかではありません。成功体験が積めない時間をどのようにモチベーション高く過ごすかです。

できたことを喜ぶと、次に進むエネルギーが湧いてきます。

このように「**プラスを見る**」**という見方は、傾聴する人にとってとても大切です。**

もしあなたが誰かに話を聴いてもらうとしたら、まだ足りないまだ足りないが口癖な人と、小さな成果でもちゃんと評価してくれる人、どちらに聴いてもらいたいでしょうか？

1分から始めて、完璧でなくてもだいたい5分間くらいうなずき、あいづち中心に話が聴けるようになると、その先は10分も60分も、あまり差がなくなります。

うなずき、あいづちが傾聴のすべての基本であり入り口です。

あなどらずに、こだわって踊ってみてください。

基本技術②くり返し

うなずき、あいづちが傾聴の基本なら、くり返しは傾聴の最初の肝《キモ》です。

くり返すべきキーワードを聴きとって応答できないと、聴く型がガタガタに崩れ、一般会話と変わらなくなってしまいます。
早速、初めにどのようにくり返すかをお伝えします。
・相手が使った言葉でそのままくり返す
・言い変え（変換）しない
・「気持ち」のワードをくり返す
・「事柄」のワードはくり返さない
です。詳しく見てみましょう。

◆「ディズニーランドに行った」の意味

例文で見てみましょう。いきなりですが質問です。
次の文章の中から「気持ち」を感じることはできるでしょうか？
できるとしたら、どんな気持ちでしょうか？

「ディズニーランドに行った」

正解を言います。

この文章の中に気持ちはありません。だから、くり返しません。

なぜならディズニーランドという名詞と、行ったという動詞、つまり事実を表す「事柄」しかないからです。気持ちはありません。

「いや、これが文章ではなくて会話だったら、相手の表情などから『気持ち』を察して推測できるのでは？」という人もいるかもしれません。

例えば「わざわざこの話題を話したくらいだからきっと嬉しかったのだろう」とか、「ディズニーランドという場所は一般的に楽しい場所だから、きっと楽しかったに違いない」という風に。

もしあなたがこの文章からそのような「気持ち」を感じたのだとしたら、それは、「**あなたのフィルター**」です。

例えば電車に乗ろうと、駅のホームに行ったとします。

すると事故か何かで「電車が遅れる」と放送されました。

あなたならどうしますか？　そのときホーム全体を見まわしてみると、いろいろな人がいるのがわかります。
・駅員さんをつかまえて大声で文句を言っている人
・われ関せずの様子でそのまま立って本を読み続ける人
・急いでいるのか機転を利かせてタクシーなど他の交通機関に乗り換えに行く人、など
つまり起きた出来事は同じでも、それに対する受け止め方は人それぞれ違います。

その受け止め方の違いを作るものが、あなたの中にある心のフィルターです。

「電車が遅れたから怒っているんだ！」という人もいれば、「電車が遅れても怒らない」人もいる。

どういう行動、態度をとるかは電車が遅れたことが問題なのではなく、電車が遅れたことに対してあなたのフィルターがどのように反応したかで決まります。

◆「やっとディズニーランドに行った」の意味

話をディズニーランドに戻します。

「ディズニーランドに行った」と聞いただけで〝嬉しかったのだろう〟と思ったのはあなたであって、話した本人ではありません。

〝楽しかったのだろう〟と思ったのもあなたであって、話した本人ではありません。

あなたがどう思ったかを中心に話を聞くと、「一般会話」になります。

話した人がどう感じているかを中心に聴くと、「傾聴」になります。

これは知識（一般会話と傾聴の違い）のところでお伝えした通りです。

傾聴は相手の気持ちを察したり推測するのではなく、目の前の人が表現した（あるいは表現できない）事実から相手を「そのまま」理解します。

ですから「ディズニーランドに行った」には気持ちのワードがないのでくり返しません。

ここでは、先ほどの気持ちの乗った一緒に踊る**うなずき、あいづち**でしっかり受け止めましょう。

では次の例文に行きます。文章がちょっと変わります。


「やっとディズニーランドに行った」

先ほどと同じ質問です。この文章から相手の感じている気持ちはわかるでしょうか？わからないでしょうか？

「**やっと**」という言葉の中に「いままで行きたかった」そして「その願いが叶った」という2つの意味が含まれていると、気付く方が多いのではないでしょうか。

やはり先ほどの知識の一般会話と傾聴のところで、傾聴は「意味と価値に耳を傾ける」と言いました。「やっと」という言葉は、まさにその人にとっての意味と価値を表しているのがおわかりいただけるでしょうか？　これは「**気持ち**」に当たるものです。

「嬉しい」「悲しい」のようないわゆる形容詞はもちろん気持ちです。が、「やっと」も気持ちのワードになります。

意外に思われるかもしれません。でも私たちは、日常会話の中で、気持ちを表す「形容詞」をそれほど多く使いません。一見、事柄と話題中心の話に見えても、実はその会話の中に、「やっと」のような気持ちを表すワードが端々に出てきます。

どんなに事務的な会話でも、6W3H中心のビジネス会話でも、箇条書きされた文章を棒読みしているのでもない限り、生の会話には、話している人の気持ちが出ています。

◆「やっとディズニーランドに行ったんだけど」の意味

さらに文章が変わります。

「やっとディズニーランドに行ったんだけど」

この文章からどんな印象を受けますか？

恐らく「よくないことがあったのでは？」と思うでしょう。

なぜなら「**だけど**」という言葉には、前の言葉を否定する反対の意味があるからです。

だからディズニーランドに行ってみたら（あるいはそのあとに）よからぬことがあったということがわかります。この場合、「だけど」は気持ちのワードになります。

一般会話では「わかる」とは事情を聞いてイメージしながら「君がどこで何をしたかわかったよ」、あるいは聞いた事情を自分の持っている知識や過去の似た経験などで分析して、「恐らくこういうことで間違いないだろう」というわかり方です。

傾聴の「わかる」は目の前の人が言った言葉（本当は言葉だけではないですが）から
いまあなたが「やっと」と言ったので
↓いままで行きたかったと「わかった」

↓そしてそれが叶ったと「わかった」

「だけど」と言ったから
↓よくないことがあったということが「わかった」

という風にわかります。これが「**いま目の前の人の感情を理解する**」ということです。

一般会話のわかり方と全然違いますね。

◆応答してみる

話を戻します。本当は相手の表情なども大切なのですが、ここではくり返しのワードを学ぶのが目的なので、文字だけでご容赦ください。いまここに、

「やっとディズニーランドに行ったんだけど」


という文章があります。

いまあなたの目の前に誰かがいることを想像してみてください。

そしてその人があなたに向かって「やっとディズニーランドに行ったんだけど」と話しかけてきたらどのように「くり返し」で応答しますか？　言葉を考えてみてください。

実際に言われたときの場面を頭の中で想像して、会話しているつもりで実際に声に出して言ってみてください。

その時のヒントを1つお伝えします。

「**そのまま**」です。

では、実際にやってみてください。

◆気持ちにそのまま応答する

できましたか？　どんなくり返しで応答したでしょうか？

講座の参加者に同じ課題を出すと「だけど？」「やっと…」「どうしたの？」「何かあったの？」という人が多いです。これらは、どれも普通に会話する上では何の支障も問題もありません。

でもここでは「傾聴」のくり返しの勉強ということですので、傾聴のくり返しという視点でお伝えします。私ならこのようにくり返します。


「**やっと……行ったんだけど……**」。


先ほどヒントで「そのまま」といったのは「**気持ちのワード**をそのまま」という意味です。事柄はくり返しません。

「行った」という動詞は、本来ならくり返さないはずの「事柄」ですが、これをくり返さないで気持ちのワードだけつなげると「やっと…んだけど」となってしまい、変ですね。

だから「行った」もくり返す言葉に入れていますが、言う時のニュアンスとしては「やっと」と「だけど」を明確に伝え、「行った」は添える程度です。

文字だと表現しにくいのですが「やっと（強）行ったん（弱）だけど（強）」という感じです。会話の流れによっては「やっと……だけど……」もありだと思います。

ポイントは**「気持ちのワードをそのままくり返す」**です。

◆気持ちのワードの例

気持ちのワードを「これ」と完全に特定することはできません。

会話の中でその人にとっての意味や価値を表す言葉は、すべて気持ちのキーワードになりえるからです。ですから完全に列挙することは難しいのですが、なにもないと学びにくいので、一応の目安になりそうなものをまとめてみました。記憶する必要はありません。

1．感情を直接表す形容詞（嬉しい、楽しい、悲しい、苦しい、さみしいなど）

2．副詞全般

「つい」偶然を強調。言い訳したくなる気持ち

↓「夜10時過ぎても、ついつい食べちゃう」
「**いつも**」頻繁である程度を伝えたい気持ち（実際はどの程度かわからない）
↓「いつも私をバカにするんです」
「**やっと**」今まで願っていた、あるいはそれが叶った思い
↓「やっとできました！」
「**きっと**」「**たぶん**」「**かも**」「**だろう**」推測して理解せざるを得ない気持ち
↓「きっとそう思っているに違いない！」「たぶん、そう思うだろう」
「Aかもしれない。でもBかもしれない」
「**やっぱり**」うすうす気づいていたことが確信に変わったホットな気持ち
↓「やっぱり浮気していたんだな」
「**ちょっと**」大したことではないと思いたい（思ってほしい）気持ち
↓「ちょっと気になる」
「**ぜんぜん**」気持ちに合わないことを明確に伝えたい気持ち
↓「ぜんぜん違います」
「**ふつう**」「**みんな**」自分の正当性を主張したい思い
↓「ふつうそれくらいわかるでしょ」「みんながそう言っているよ」

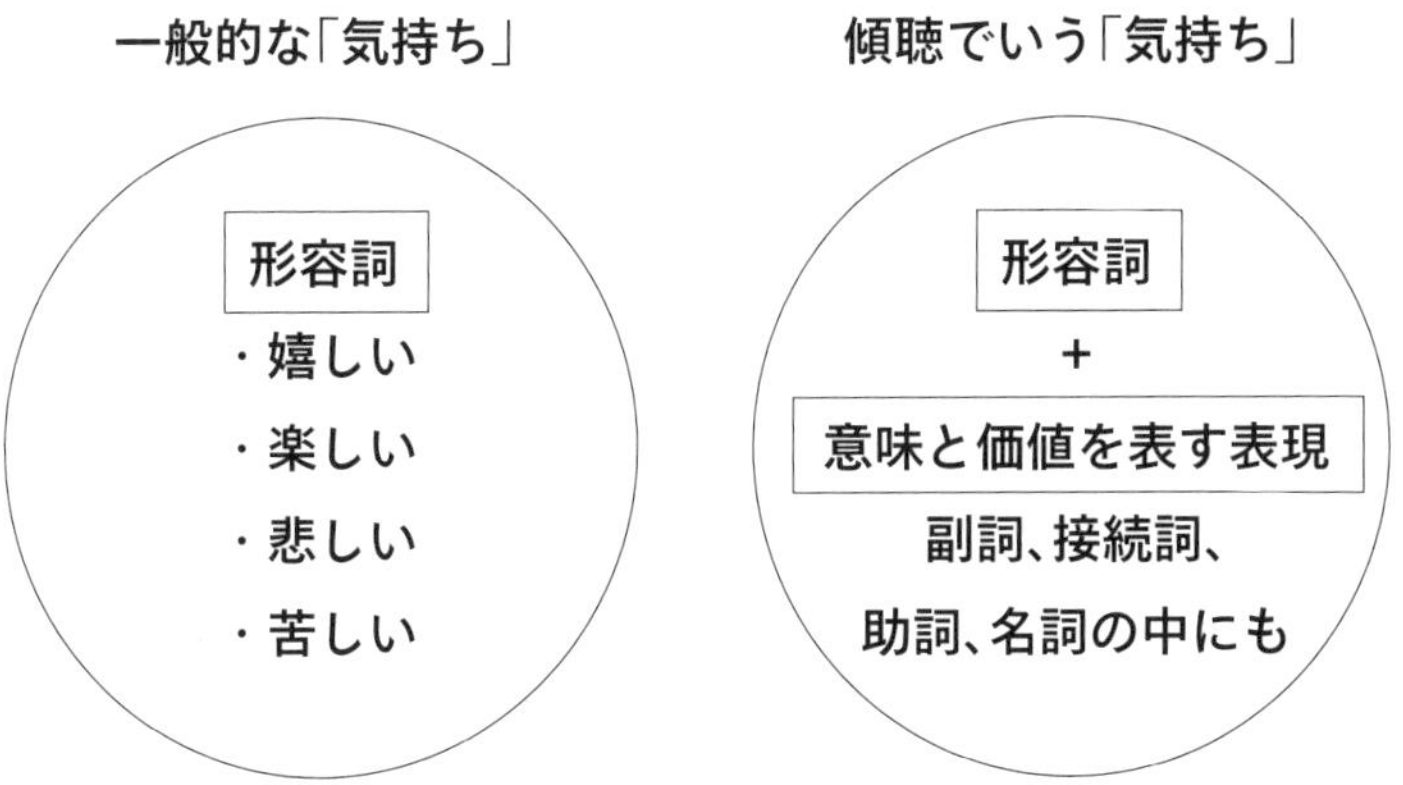

「**～たり**」程度の多さを伝えたい気持ち
→「あれをやったり、これをやったりしたんです。でもダメだったんです」
「**けど**」「**だけど**」「**でも**」頭でわかっていても実行できない気持ち
→「やればいいのはわかっているんだけど」

3. 独特な言い回し

「私の人生は、**波乱万丈**な人生でした」

「私は娘を**塾というところ**に行かせております」

「あの人と話していると、**宇宙人**と話しているみたいだ」

4. 「事柄」の中にもある場合

たとえばタイミングや期間時間を表す言葉。

「**昨日、**離婚しました」

「**10年前、**離婚しました」

その他にも、状況によって「気持ち」のワードになったりならなかったりする言葉があります。「その人にとっての意味や価値を表す言葉が、感情のキーワードとなる」ことを覚えてください。

◆解釈して言い換えしない

言葉にはその人の想いが乗っているので、相手の精神的な世界を大切にしようと思ったら、相手が使った言葉でくり返さざるを得ないのです。ポイントは「**相手が使った言葉をそのまま**」ということです。言い換えないでください。

言い換えることを「解釈」といいます。カウンセリングの教科書などにある傾聴の技術の中には、解釈という技法がありますが、みなさんにはあまりおすすめしません。

なぜなら技術として意図的に使う解釈と、自分のフィルターが勝手に解釈してしまうことの区別がつかないからです。


例を見ながら説明します。あまり楽しい例文ではありませんが、お付き合いください。

ある男性のお父さんが亡くなったとします。その男性がお父さんの死について次のように語ったとします。「オヤジが死んで悔しいです…」。

もし実際にこのように言われたら、あなたならどんな言葉をかけるでしょうか？

「それは大変なことで…」「さぞお寂しいことでしょう…」

というかもしれません。これらの声かけは別に悪気があるわけではなくて、むしろ心中を察して励ましてあげようという親切な思いから出てくる言葉なのですが、実はこのように解釈した結果、相手の気持ちとずれてしまうことがよくあります。

さてここで問題です。

まずはこの男性がなぜ悔しいのか想像（妄想？）**してみてください。**

父親が亡くなって悔しいと言っている理由を当てるゲームと思ってやっていただければ結構です。答えは一つではなくいろいろな可能性があると思います。例えばこんな風に。
・親孝行をしたかったのにできなかったのが悔しい
・オヤジにはやりかけのことがあった。それを完成できないまま亡くなったのを知っているので悔しい
・いつかありがとうと言おうと思っていたのに、もう言えなくてなってしまって悔しい
・孫の顔を見せてあげたかったのに、できなくて悔しい
・簡単な手術だと思っていたのに、医療ミスで亡くなってしまい、無念で悔しい
お父さんに対する優しさから、この男性はお父さんの死を悼んでいるのだろうと想像できます。

またちょっと怖い話ですが、こんな可能性もあります。

「オヤジに復讐したかったのにできなくなってしまった。悔しい」

こういう考え方がいいか悪いかではなく、もし復讐心から発せられた「悔しい」だったとしたら、先ほどの「それは大変なことで…」「さぞ寂しいことでしょう…」という声かけは、男性の心情と全く違うので心には届きません。

私たちは話を聴いた瞬間に、ほぼ自動的に自分のフィルターが反応し解釈してしまいます。この例の場合、あなたが優しい心の持ち主であればあるほど「お父さんを思いやった優しさだろう」とフィルターが解釈してしまいます。

あなたがどう感じたかと、実際に相手がどう感じているかは別です。

解釈して言い換えをせず、相手が使った言葉で「悔しいんですね」とくり返しましょう。

あなたにとってしっくりくる解釈が、相手にとってもしっくりくるとは限りません。むしろ違う可能性のほうが高いのです。あなたにとって「悔しい＝悲しい」がぴったりでも、相手にとって「悔しい＝悲しい」とは限りません。わざわざ言い換える必要はありません。

言い換えたくなるのは、聴き手が自分がわかる言葉で理解したいからです。**自分の世界に引きずり込まないでください。**

まれに言い換えをして相手の想いとピッタリだったとしても、それはたまたま当たっただけです。コミュニケーションは当たり外れでするものではありません。

まずは解釈し変換したくなる自分に気付きましょう。そしてあなたのフィルターではなく、相手のフィルターを大切にして相手が感じている世界をそのままで聴く練習をしましょう。ここがくり返しの練習のしがいがあるところです。

◆事柄をくり返されると気持ち悪い

くり返しには「事柄」のくり返しと、「気持ち」のくり返しがあります。

先ほどお伝えしたのは「気持ち」のくり返しです。「事柄」のくり返しは、ビジネスの事実確認の場面などで内容を確認するのに有効ですが、ここでは特にやりません。

気持ちのくり返しは、コミュニケーションとして関係性を深めるのに有効です。

コミュニケーションスキルの本などを見ると、ただ「相手の言葉をくり返しましょう」と書かれていたりします。気持ちと事柄を分けずにくり返して大丈夫なのかなと思います。

書いている本人はきっとわかっていることなのでしょうが、初めてそれを見た人は何をどうくり返せばいいのか伝わらない気がします。わからないままなんとなくくり返せば、事柄に耳が慣れている私たちは、疑うことなく事柄だけをくり返してしまいます。

事柄のくり返しが悪いと言っているのではありません。事実確認のときに私もよく使います。ただし、**事実確認をするのか、気持ちを受け止めるのか**目的によってくり返し方が変わるので使い分けましょう。それが傾聴のスイッチを持つことです。

事柄をくり返しても会話は続いていきます。相手にたくさん話させたい、吐き出させたいだけならそれもいいでしょう。でもそれは気持ちを理解し寄りそう傾聴とは違います。気持ちには触れず、事実と個人の感想、疑問ばかりが飛び交う深まらない会話になります。

また、事柄をくり返す事で起きる問題は、会話の最中に事柄をくり返されると気持ちを無視されて、気持ち悪いことです。

先ほどのディズニーランドの例を「事柄」中心と「気持ち」中心との視点でそれぞれくり返した違いを見てみましょう。ちょっと極端ですけれども違いが伝われればと思います。

〈事柄でくり返す例〉
Aさん「やっとディズニーランド行ったんだけど…」
聴き手「ディズニーランドに行った…」
Aさん「…そう。ディズニーランド行ったんですよ（今そう言ったでしょ）。前から行きたかったんだけど、ちょうど新しいアトラクションができたからっていって友達と行こうって話になって」

聴き手「新しいアトラクションができたから行った。友だちと」
Aさん「そ、そうです。確かに新しいアトラクションにも乗りたかったけど、タイミング的にはちょうどいいかなと。友だちはそんなにディズニーランド好きではないけど私が行きたいなら行こうと言ってくれて。前から行きたかったのは私の方で友だちはそうでもなくて」
聴き手「タイミングがあったから行ったんですね」
Aさん「そ、そうね。タイミングが良かった…。天気も良かったし、思ったよりすいてた」
聴き手「天気も良くてすいていたんですね。よかったですね」
聴き手「は、はい。確かに天気はよかったです。（気持ちを立て直して）…それでプーさんのところを3回見たりして…。でも3回目にプーさんのところに並んでる時に友だちがもう飽きたからイヤだと言ってそれがきっかけで喧嘩っぽくなっちゃって」
聴き手「プーさんに3回行ったんですね。」
Aさん「プ、プーさん？　そ、そういう話じゃなくて、友だちと喧嘩になっちゃって、やっとディズニーランドに行ったのに、何かがっかりなことになっちゃったって話なんですけど…」

聴き手「プーのところで喧嘩をした」
Aさん「…（もう無理）」

〈**気持ちでくり返す例**〉

Aさん「やっとディズニーランド行ったんだけど…」
聴き手「やっと…行ったんだけど…」
Aさん「…だけど、一緒に行った友だちと喧嘩になっちゃって」
聴き手「喧嘩になっちゃった…」
Aさん「そうなんです。天気もよくて、思ったより空いてたし、絶好のディズニーランド日和だったのに」
聴き手「のに…」
Aさん「絶好のディズニーランド日和だったのに、私がどうしてももう一回プーさんに行きたいっていったら、友だちはもう行きたくないって怒っちゃって」
聴き手「せっかくだから…。どうしてもって…怒っちゃった…」
Aさん「そうなんです。次いつ来られるかわからないから、どうしてももう一回乗りたかっただけなんですけど、怒っちゃって…」

聴き手「どうしても…乗りたかっただけなんだけど…怒っちゃった」
Aさん「そうなんです。そう言ったら怒っちゃった…」
聴き手「そう…。怒っちゃった」
Aさん「こんなつもりじゃなかった」
聴き手「こんなつもりじゃなかったんだよね…」
Aさん「そうですよ。楽しみたかっただけなのに」
聴き手「楽しみたかっただけ、なのにね…」
Aさん「でも私もちょっとテンション上がりすぎちゃって」
聴き手「テンション上がりすぎちゃった…」
Aさん「だから嫌がる友だちにどうしても、もう一回だけってしつこくなっちゃって」
聴き手「しつこくなっちゃった…」
Aさん「だって、嬉しかったんだもん（涙）」
Aさん「そうなんだね。嬉しかったんだね。だからテンション上がりすぎちゃって、しつこくなっちゃった…」
Aさん「はい…。上がりすぎちゃったんです。怒らせるつもりなんてなかったんです」
聴き手「怒らせるつもりなんてなかった…」

Aさん「そうなんです…。もう次いつ来れるかわからないから満喫したかっただけなんです（涙）」
聴き手「満喫したかっただけなんだよね…」
Aさん「そうなんです。二人で楽しく帰ってきたかったのに」
聴き手「二人で楽しく帰ってかえってきたかったのに…」
Aさん「そうなんです。それなのに、なんであんなことになっちゃったんだろう」
聴き手「本当…。なんで…あんなことに…」
Aさん「そう…なん…です…」
（一緒に沈黙を味わう）
このように、傾聴では「気持ち」のワードをくり返しながら、話を無理に進めようとせず一緒に味わっている感じがあります。

◆くり返しの壁

くり返しが上達するためには、2つの壁があります。

1つは、耳に入ってきた言葉をそのままくり返すと、聴き慣れた**事柄ばかりになってし**

まうということ。事柄を聴きながら気持ちも聴きとれていればよいのですが、だいたいそういうときは事柄だけが耳に入り、気持ちのワードがまったく残りません。

何度も言いますが、私たちは事柄中心にイメージを作りながら聴く癖がついています。ですから傾聴的な聴き方としては「なにも聴けていない」というくらいの自覚をもって練習するのがいいと思います。

事柄のワードに慣れ過ぎている私たちが、自力で気持ちのワードを聴き取れるようになることは容易なことではありません。本やネットを見て一人で練習するのもよいですが、いずれ客観的に見てサポートしてくれる協力者が必要となるでしょう。


もう1つの壁は、**なかなか口に出ない**という壁です。

練習をするときは、気持ちのキーワードとして正解かどうか考えるより前に、まず「これかな」と思う言葉があったら、なんでも口に出してみてください。

何か言わなきゃいけないと考えながら聴いていたら、話の内容を聴き逃してわからなくなってしまったという人がいます。失敗したという思いを引きずると、さらに聴けなくなってしまったりすることもあります。

鏡に映すように相手が使った言葉でそのままくり返すと、口で言うのは簡単ですが、実際は傾聴のくり返しは結構複雑なことをしています。
1. 言葉が耳に入ってくる。
2. 入ってきた言葉が、ほぼ自動的に自分のフィルターを通る。
3.「これは私のフィルターで、相手が伝えている感情のワードはこれ」と自分のフィルターを自覚し横に置く。
4. そして、自分にはしっくりこないかもしれない相手が使った言葉でそのままくり返す。
流れる会話の中で、この4つのことを一瞬でしていくのですから、慣れるまではそれなりに時間がかかります。

◆くり返しの練習のポイント

ではその複雑なくり返しをどのように練習したらいいでしょうか？

ポイントは「ホームランを狙わない」つまりいいところだけ上手にくり返そうとしないことです。

傾聴を学ぼうとする人の中には、現在進行形で家族や仕事で解決したい人間関係の問題を抱えてくる人が結構います。するといきなり初心者なのにホームランを打とうとします。

そして撃沈して学習意欲がなくなってしまった人をたくさん見てきました。

「傾聴が役に立たなかった…」違います。練習が足りていないし、やり方を間違えたのです。バントの練習、あるいは基礎体力作りのランニングから始めましょう。

具体的には、全部同時にやろうとせず、分けて練習してみましょう。

①「事柄」だけくり返す（↓意外と簡単）
②話を聴きながら「気持ち」だけ聴き分ける（↓声に出さなくていい）
③「気持ち」だけくり返してみる（↓なかなかできない）
④「事柄」も「気持ち」も全部くり返す（↓口に出すのに慣れる訓練になる）

たとえば①で意識的に事柄だけくり返せれば、その後意識的に「事柄はくり返さない」ことができることにつながります。それがさらに進めば「気持ちだけくり返す」に発展していくことができます。事柄だけ返す練習、気持ちだけ返す練習、そして両方返す練習などを組み合わせることで、しっかり事柄と気持ちの違いが聴きとれるようになります。

また、くり返しの練習は相手に違和感を与える可能性があるので、練習相手選びは注意しましょう。あなたがリラックスして話せる相手、あるいは申し訳ないですがもう二度と会わないような、あなたの人生に関係がない相手を選ぶといいでしょう。

ごめんなさいと心で謝りつつ、大胆にくり返しの練習をさせていただきましょう。

一番挫折するパターンは、家族や仕事の関係の人でいきなり実践してしまうことです。大体失敗して落ち込みます。身近な人に対しては感情的になりやすいですから、わざわざそういう人を練習相手に選ばないことです。

とはいうものの家族や仕事で、傾聴を役立てたい気持ちはわかります。身近な人に試す時は、失敗してもガッカリしたり自分を責めないと自分自身と約束をしてから臨みましょう。「できなくて当たり前」と、ハードルを下げてください。

小さな成功体験を積み重ねた方が結果的に習得は早くなります。

できない自分を責めてもいいことはありません。責めないと自分に誓いましょう。

◆くり返しのコツ

①第三者の感情はくり返さない

話し手「その時、姉さんが子供に向かってすごい剣幕で怒ったんです！」
聴き手「お姉さんが怒ったんですね」
…とはくり返しません。「怒った」と感情を表す言葉を耳にするとつい「来ました」とばかりに、くり返したくなりませんか？　でもこの場合は「そう!!」と気持ちの乗ったあいづちだけで受けとめましょう。

なぜか？　傾聴で寄りそえるのは**いま目の前にいる人の気持ちだけ**です。

怒ったのは、そこにはいない第三者のお姉さんです。第三者の感情をくり返しても意味はありません。大事なのはそのことについて**目の前の人**がどう感じているかです。

今回は質問の技法については詳しく書きませんが、こういう目の前の人の気持ちがわからないときこそ、傾聴の「**質問**」を使います。

うなずき、あいづちでしっかりと受け止めてから、

「**それについてあなたはどう思っているの？**」「**その時あなたはどう思ったの？**」

と質問することで、いま目の前にいる人の気持ちがはじめて明らかになります。

それでもし「**すごく驚いた**」と言うのであれば、「**すごく驚いたんですね**」と、そこは目の前の人の気持ちですから、くり返して受けとめることができます。

いまの例では「怒った／怒られた」のがいずれも第三者（お姉さんと子供）です。仮に怒られたのが目の前の人である場合でも、基本は同じです。少し表現を変えることで、より話し手の感情に近づけるかもしれません。

怒ったのはお姉さん（第三者）で怒られたのがいま目の前にいる本人だったら、
話し手「その時お姉さんが私にすごい剣幕で怒ったんです！」

聴き手「すごい剣幕で〝怒られた〟んですね」

と、怒られた本人の立場に置き換えて、受身でくり返したりします。

「すごい剣幕で怒られたんですね」とくり返せば「そのときあなたはどう思ったの？」と同じ意味になります。第三者の感情をくり返しても意味はありません。それを体験した**いま目の前にいる人の感情に置き換えるように**、くり返しをしてあげましょう。

②過去の話は今に戻す

くり返しではありませんが、「いま目の前の人の感情に戻す」という点で同じなのが、**過去の出来事**についてのエピソードの聴き方です。

「昔こんなことがあった。こんなことをされた…ね、ひどいでしょ」と過去の出来事をたくさん話す人がいます。でも昔話をされてもどう答えていいか困りますよね。

「それはもう過ぎたことだからいまできることを前向きに考えよう」とアドバイスしたくなるかもしれませんが、こんな風に聴いてみてはいかがでしょうか？

過去の不満を話す人は、実は今も不満な人なんです。

「15年前、主人が不倫をした」とわざわざいま言う人は、そのことにまつわるやりきれない思いを持っているからわざわざ話すのです。

話し手「15年ほど前、主人が不倫をしたんですよ」

聴き手「ほう…。そのことについて今はどう思われますか？」
話し手「別に気にしていません。過去のことですから」
聴き手「過去のことだから気にしていないんですね。ではいまその気にしていないことをわざわざお話しくださったのは、どういうところからでしょうか…？」
話し手「それは…」
「いま目の前の人が何を感じているか」に戻してあげましょう。
決して「気にしてないなんてうそでしょ」とか「気にしているからわざわざ話したんでしょ」などと人の傷口に塩を塗るような言い方をしてはいけません。相手が心を閉ざします。特に悩みを聴くのが仕事というわけではないのであれば、聴きにくい話にはあえて触れず聴き流してもいいでしょう。でももしあなたがカウンセラーか何かで聴いて支える仕事をしているのであれば、過去から抱えている傷にはちゃんと触れてあげましょう。

今はうまくできなくても、できるように練習をしましょう。なぜならその傷のまわりにこそクライアントが解決したい根っこの主訴であるからです。
「触れないから触らない」のではカウンセリングになりません。「触れるけれど触らない」という選択ができるように練習することをおすすめします。

第三者の話も、過去の話もすべては例文、エピソードにすぎません。傾聴で寄りそえるのは**いま目の前にいる人**だけです。

③相手が使った言葉は使えるようにする

「私なんて全然ダメ。頭も悪いし、覚えるのも遅いし。全然能力ない」

と言われた時に「私なんて全然ダメだと思うんだね…」とくり返しできるでしょうか？

よくいただく質問の一つに、「ネガティブな発言をくり返したら相手がどんどん落ちていってしまうのでは？」というものがあります。

自分の発言によって相手がよりネガティブになってしまったらどうしようと心配するのは当然です。でもあえて言えば、こちらがネガティブが発言をくり返しすることによって相手がより落ちていく心配はありません。なぜなら相手はすでに落ちてしまったから、あなたにとってネガティブに聞こえるその話ができるのです。

相手はすでに落ちています。では落ちていないのは誰でしょうか？

あなたです。つまり、相手が落ちていくのが心配と言いながら、実は自分が落ちるのが心配なのではないでしょうか（直接このように言われると怒る人がいるかもしれません）。

ネガティブな話が苦手な人に対しては、相手も本当につらい部分は話しにくくなります。

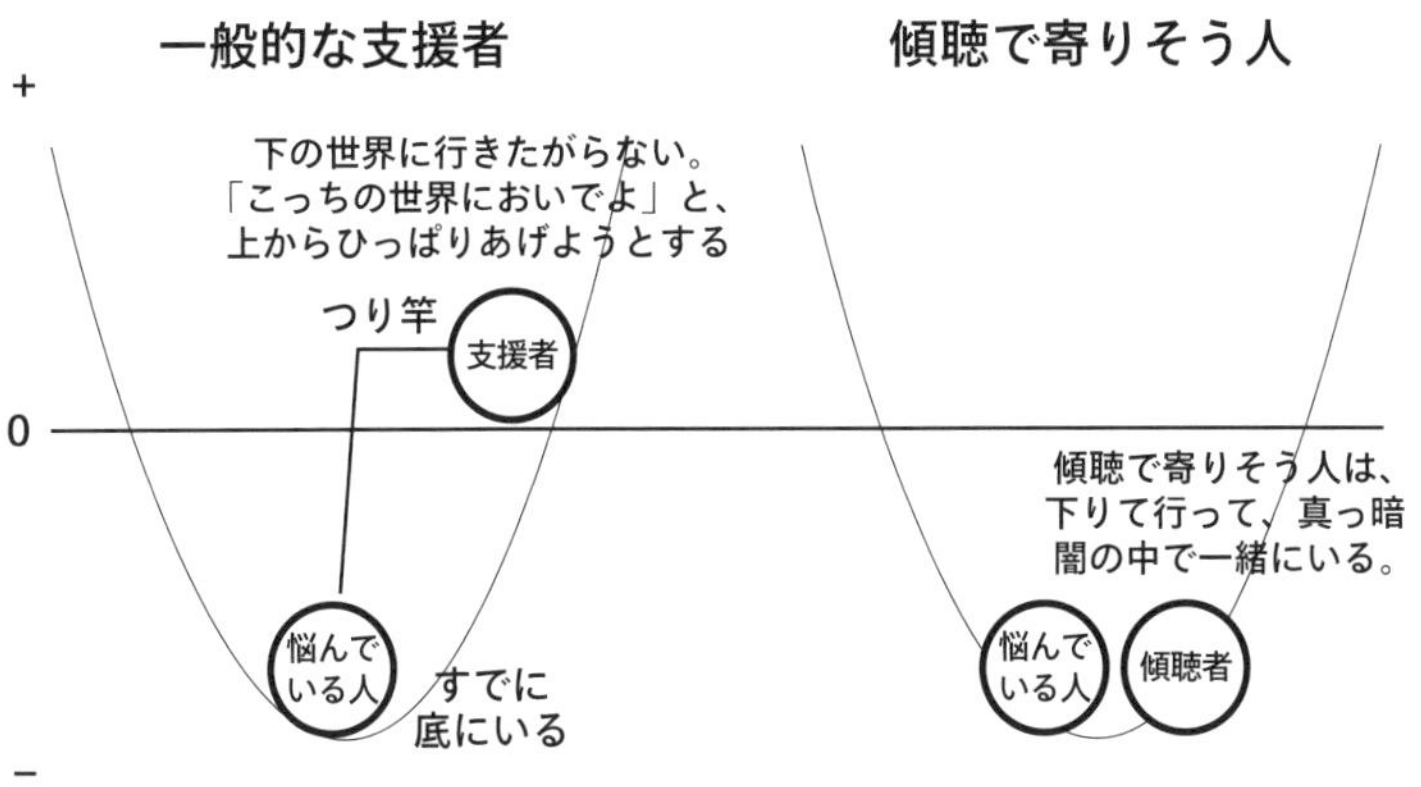
一般的な支援者
傾聴で寄りそう人
+
0
−
下の世界に行きたがらない。
「こっちの世界においでよ」と、
上からひっぱりあげようとする
つり竿
支援者
悩んでいる人
すでに底にいる
傾聴で寄りそう人は、
下りて行って、真っ暗闇の中で一緒にいる。
悩んでいる人
傾聴者

しっかり聴きたいのであれば、**相手が使った言葉をそのまま使えるよう練習しましょう。**

ガンになった女性Uさんの話です。家族にも言えずしばらく過ごしていた女性がいました。ある日、大親友のYさんに打ち明けたのです。

Uさん「私ガンになっちゃった…」

Yさん「…そう…なんだ…」

Yさんのこの一言を聴いた瞬間、Uさんはそれ以上話すのをやめたそうです。

Uさんは「ガン」という恐ろしいものを言葉にしたのに、Yさんは「**そう**」と代名詞に置き換えてしか受け取れませんでした。このとき「**ガンになっちゃったんだね**」と正面を向いてしっかり受け止めたなら、Uさんはその先の一人で抱えているつらさを話したかもしれません。

カウンセリングをしていると、性の話や命の話など、経験したこともない（そして一生経験しそうにない）いろいろな話が出てきます。そのとき**聴き手が「その言葉を使うのが怖い」というフィルターが強いと、何の応答もできなくなってしまいます。**

言葉は相手が感じたことが素直に出るだけで、**言葉そのものに良い悪いはありません。**

あなたの中のフィルターが得意／苦手と感じているだけなので、相手が使った言葉はそのまま使えるようにするというのが基本です。

◆うなずき、あいづち、くり返しの威力

あなたのした「うなずき」「あいづち」「くり返し」がうまくいっているかどうか判断する基準は、相手が喜んでくれるかどうかではなく、**相手が自由に話しているかどうか**です。

喜ばせようとしすぎると軸がぶれます。しっかり関わりながら自由に話してもらえれば、たとえ感謝の言葉はもらえなくても、聴いた価値は十分にあったと思いましょう。

うなずき、あいづちにより私が経験した面白い体験を2つご紹介しましょう。

①市長選挙に落選した青年

２０１１年に、ある市に出張で出かけたとき、50人ほど集まる大きな懇親会に参加しました。その時たまたま目の前に私より2、3歳若そうな青年が座りました。

実はその青年、つい最近自分が住む町の市長選挙に立候補して落選したばかりの傷心したての方だったのです。懇親会の場でしたが、選挙に対するいろいろな思いを話してくれました。戦略のミス、信頼していた人からの裏切り、やり切れなかったことへの後悔、そしてここには書けないようなことまでいろいろな思いがあふれ出てきました。

当時まだ傾聴を始めて3、4年だった私にできることはうなずき、あいづちとくり返しに毛が生えた程度のことでした。

その場にはその方の知人も多くいて彼に向かって「おまえよく頑張ったよ」「次も応援してやるから、グズグズ言うな！」と励ましていました。でも彼の浮かない表情は変わりません。私はただただうなずき、あいづち、くり返しで青年の話を聴き続けました。

「そこが思惑が外れたところだったんですね」「もし、それがあれば状況は変わっていたと…」「絶対に許せない！」

結局、ほとんど最後まで彼とだけ話をして宴会がお開きになりました。

50人以上いたので店の外がごった返していた中で、私は知人が店から出てくるのを待っていました。

すると人混みをかき分けて、私に向かって来る人影がありました。

先ほどの彼です。彼は私の正面に着くや否や、酔っ払いながらも興奮した声で「こんなに僕のことをわかってくれた人は初めてです！」と私の手をかたく握りしめて言いました。うなずき、あいづち、くり返しだけで十分パワフルだと思えた瞬間でした（もちろん市長選挙に出る彼ですから、握手好きなのは当然かもしれませんが…）。

②年配の男性からの意外な一言

仕事柄、著名な方や社会的地位が高い方にお目にかかる機会があります。

あるとき85歳ぐらいの男性とお目にかかりました。経歴を伺うと大蔵省出身で、世間知らずな私でも知っているような政財界の著名な方と親交が深い方でした。

中でも事実かどうかはわかりませんが、皇后美智子さまのテニス友達だったことを耳にした時には、そんなすごい人と一体何をお話しすればよいのかと緊張してしまいました。

「話せる話題がない…」というのが最初の印象です。

その後も何度かお目にかかることがあり、あるときランチのお誘いを受けました。

「岩松君、今度横浜駅前のホテルにランチを食べに行きましょう」

同じ町にお住まいだったので誘ってくれたのです。表面的には「ありがとうございます」と喜んでみせたものの、内心どうしようと心配しながら当日を迎えました。

平日の真昼間から、駅前にある高級なホテルの最上階のレストランで昼食をいただけるなんてめったにないチャンスなのに、なぜか心が躍りません。

「岩松君いいかね。古代メソポタミア文明の国家運営はどうされていたかというとだね…」「まさに今の日本が抱えている問題の本質は、資本と資産の違いがわからないことなんだよ。つまり血と水の違いなのだよ…」「弁証論的な思想の限界なのだよ…」

案の定、話の内容は全然わかりません。でも私は一応傾聴ですから、一生懸命その方の感情のキーワードを聴きとろうと試みながらくり返しをしていました。

正直一緒に踊れていたかどうかもわかりませんし、食べた食事の内容も洋食だったこと以外、一切思い出せません。聴き方として上手とはとても言えないでしょう。

そんな状態で1時間半ほどでランチが終わりました。

「ではそろそろ帰ろうか」そう言いながら帽子をかぶって席を立とうとした瞬間、男性が私に向けていったあの一言がいまでも忘れられません。

「たまには君のような若い人の意見を聴くのはためになる」

一瞬耳を疑いました。私はその男性とランチをしている間中、自分の意見など一度も言っていません。（…というより、話が高尚すぎて意見などありませんでした。）

ただ必死に「まさにそこが日本の問題なのですね」「これこそが日本復活の最大のポイントなのですね」などとくり返しをしていただけなのです。


当時はよくわかりませんでしたが、今はなんとなくわかる気がします。

「聴き上手は話し上手」などと言われるのはこういうことなのかもしれないと。

日常会話をするときにいちいち理路整然と起承転結をまとめて話す人はいません。思いついたことをつれづれなるままに話すので話があっちに飛んだり、こっちに飛んだり脱線します。あちこち散らばる会話の中から、耳に残った気持ちキーワードをくり返すと、まるで鏡に反射したかのように言葉が返ってくるので、違和感なくすっと耳に入ります。

それによりだんだんと考えや思いが明確に整理されるのではないでしょうか。

この仮説は、脳科学でわかっている事実からも裏づけられそうです。人間の脳はその言葉を自分が発したものなのか、他人が発したものなのかに関係なく影響を受けるという性質があります。この性質を利用して無理矢理でもいいからプラスの言葉を発するようにして、いい意味で脳をプラス思考になるよう騙すなんていうこともできるそうです。

傾聴のくり返しは、この性質を逆に利用することになります。

話し手が使ったとおりの言葉（＝話し手にとってなじみやすい、受けとりやすい言葉）でくり返すことで、話し手は無意識に話したことをもう一度確認することになります。すると無意識で話した言葉が、意識化されて感情や思考の整理が進むのです。

傾聴の技術は他にも伝え返し（要約）や質問の仕方などいろいろありますが、この本では「傾聴力スイッチ」を入れる土台となる**うなずき、あいづち、くり返し**についてご紹介しました。これらは傾聴の基本中の基本であると同時に、ちゃんと身につければこれだけでもとてもパワフルで、日常生活ならこれさえできればもう十分に聴き上手です。

くり返しで必要な気持ちのキーワードの聴きとりができなければ、その先の伝え返し（要約）、質問などはできません。家で例えるならばうなずき、あいづち、くり返しは家の土台を作る基礎工事です。土台がしっかりできていないところに、どんなにきれいな上モノを乗せても、たとえば地震が来てちょっと揺れただけですぐに崩れてしまいます。

土台がちゃんとできていないのに、建物の強度を上げよう（＝新しい方法を探す、ケーススタディーをする）としても意味はありません。感情のワードのくり返しがちゃんとできると、そのあとに感情を含んだ要約、伝え返し、感情を明確にするための質問ができるようになります。

くり返しでは、相手の感情をどれだけ感じとれているかが試されます。覚えたり考えたりするのではなく、その言葉を使わざるを得ない相手の気持ちを一緒に感じることです。

◆まとめ

傾聴の技術は、心の中にあるものを誠実に相手とやり取りするための技術です。

心にもないのに親切な人と思われたいから、その気にさせるための技術ではありません。

本当は「心配しているんだ」と伝えたいのに、なぜか口から「あんた何やってんだよ」という言葉が出てしまったりします。心にあっても伝えられない気持ちがあります。

それをちゃんとやり取りできるようになれば、お互いの関係はよくなるはずです。

心の中にあるものをちゃんと伝える技術が傾聴です。

◆傾聴は「技術」

傾聴は技術です。技術といっても、一瞬相手を喜ばすといった小手先のテクニックではなく、**持続可能な人間関係を作るのに使える技術です。**

技術とは以下のものだと思っています。

1. 意識して使おうと思ったら使える
2. 練習すればその人なりに必ず上達する

3．同じ練習をしても全員が同じように上達するとは限らない
4．他人と同じにならなくても価値がある

野球で考えてみましょう。同じ時間練習をしても、みんなイチローと同じにはなりません。その人が持って生まれた天性の才能のような個性が確かにあります。またどう成長するかはわかりませんが、あきらめずに練習を続けさえすればその人なりに必ずどこか成長します。他人と同じように成長する必要はありません。

もし野球選手全員がイチローだったらどうなるでしょうか？　イチローよりも速い球を投げる投手もいます。ボールを受けるのが上手なキャッチャーもいます。バントが上手な人も必要でしょう。みんなが同じである必要はないのです。むしろ違った方がうまくいきます。

傾聴も同じです。私はロジャーズのようにも、習っている先生のようにも聴けていません。でも私なりにあきらめずに練習してきた経過として、自分に必要な聴き方が少し身についてきています。人と比べることはありません。

あなたが聴くときに楽であることが、一番大事なことです。

ここまで**知識**、**目的**と**基本技術**に触れてきました。

目的と知識を明確にして**技術**の練習をすると、あいまいな時に比べて格段に技術の身につき方が早くなります。
もしたくさん練習していてもなかなか上達しないという人がいたら、目的と知識がクリアかどうか、もう一度確認してみるといいでしょう。
うなずき、あいづち以外にも、使えるようになると便利な技術がいくつかあります。
伝え返しは、相手と自分の思い違いのずれを防いで、お互いの考えや思いを共有するのに役立ちます。
質問の技法は、事柄を明らかにしてパズルを埋めるようにわかるのではなく、今目の前にいる人の感じていることや、こちらが感じられていないことについて**気持ちを明らかにする質問**を投げかけて、答えていただくこと（あるいは答えられない様子）から相手の今の感情を理解し共有するのに役立ちます。
それぞれの技術を生かすためにもまずはうなずき、あいづち、くり返しまでをしっかり落とし込んでみてください。

5 自分と自分の関係をよくする

こんなにもカウンセリングやコーチングに関する情報があふれ、学んでいる人がたくさんいるのに、どうして聴き上手は増えていないんだろう。この本を書いたのは、そうした疑問が動機になっています。

次に紹介するのは、それに反して「もしかしたら、聴き上手の芽は結構いいところまで育ってきているのかもしれない」と感じられた事例です。

◆息子の話が聴けない男性

あるとき傾聴講座に、一部上場企業で管理職をしている50代の男性が来ました。

一見、コワモテの企業戦士なのですが、実際講座に入ってみると、「同感」と「共感」、「一般会話」と「傾聴」の違いを、何も見ずに知識として完璧に説明されました。

聞くと、職場内で結構この手の研修をやっているとのこと。傾聴は企業にも浸透しつつあると感じました。

その後の「うなずき」「くり返し」の技術練習も含めて、かなりお上手です。

技術練習が終わり、まさにこの本のここから先の部分、「**聴き上手は自分と自分との関係が大切である**」という話をしました。

一通り説明し終えたあとで、参加者に感想を求めていきました。

先ほどの男性の番になりました。すると男性は急に黙りこみ、なかなか話し始めようとしません。どうしたのだろうとしばらく待っていると、だんだん男性の目が真っ赤になって、流れ落ちそうな涙を必死にこらえているではありませんか。

そしてようやく振り絞るような声で言いました。

「やっとわかりました」「大事な息子の話もろくに聴けず、怒り散らしてしまう理由がよくわかりました。**私は子供の時から自分が大嫌いです。だから話が聴けなかったんですね**」。

その男性からは、講座終了の翌日にもお礼のメールをいただきました。

傾聴は確かに社会に広がってきています。技術も知識もかなりの人に知れ渡っています。

しかしやはりこれからお伝えする「自分と自分との関係」まではたどり着いていない人がまだまだ多いということを確認した出来事でした。

いまはいろいろな形の傾聴があふれていて、学ぶ人のレベルもいろいろ。何をもってよしとするのか価値観もさまざまで、成熟期前の傾聴淘汰の時代です。

◆傾聴する人に大切なことは？

突然ですが質問です。

「傾聴するあなたにとって、大切なことは何でしょうか？」

考えてみてください。わざと少しあいまいに質問をしたので、質問の主旨をどうとらえるかによっていろいろ解釈の仕方があると思いますが、だいたい次のような答えがよく返ってきます。
・相手の話を邪魔しないで自由に話させてあげること
・うなずいたり、くり返してあげること
・否定しないで受けとめること
・聴いているという姿勢を伝えること
・気付かせてあげること
・寄りそってあげること
話している最中にうなずかれ、くり返されて、邪魔されなかったら話しやすい、また否定されないと話しやすい、というのは確かです。

でもこれらの回答は、私がした質問の主旨とは違います。

質問は傾聴する「**あなた**」**にとって**大切なことでした。

前の回答の多くは「あなた」に大切なことではなく傾聴してもらう方の人が、そうしてもらえたらありがたいという「話す人」目線の回答です。

私が訊きたかったのは、話し手にとって何がいいかではなくて、**あなたが話を聴きやすい条件（状況、状態、相手、話題、タイミングなど）**です。

相手ではなく、あなたがどんな条件があったら（なかったら）聴きやすいか、もう一度考えてみてください。話が聴きにくい状況、状態の反対側と考えてみるとわかりやすいかもしれません。すると、こんな意見が出てきます。
・自分が疲れていると聴けない
・イライラしていると聴けない
・忙しいと聴けない
・心配事があると聴けない
・体調が悪いときは聴けない
・嫌いな人の話は聴けない
・賛成できない話は言い返したくなるので聴けない

・反対意見を言われると頭にきて聴けない
・結論が出ない話をダラダラされると「だから何？」と言いたくなり聴けない
・言いわけをする人の話は反論したくなり聴けない
・はっきりモノを言わない人がいるとイライラして聴けない
・知らない話題だと話についていけないので聴けない

逆にこういう状態でなければ、聴きやすいと言えます。

いかがでしょうか？　思い当たるものはありますか？


ちょっとここで考えてみましょう。

ここまで本書では傾聴力スイッチを育てるための知識と技術についてお伝えしてきました。知識も技術も大変役に立つものではありますが、では知識と技術で、ここに出てきた「聴けない状態」は解決できそうでしょうか？

多少効果が期待できるものもありますが、基本できない、というのが答えです。

イライラしながらちゃんと聴く技術なんてありません。

嫌いなことを好きになる技術なんてありません。

つまり**知識と技術だけでは、本当の聴き上手にはなれない**のです。

これからお話しする「**自分と自分との関係がよいこと**」が必要なのです。

多くの人はそんなことは考えず、知識と技術だけ学ぼうとします。それが逆に、「聴けない深み」にはまっている原因です。

ただ他の人のためになればと思い傾聴したいと思っているだけなのに、「自分と自分との関係をよくする」なんて、意味がわからないですか？

でも私は、あるとき気付きました。

聴けない人の共通点、それは自分の心の声を聴けない人だということに。

①心の動き方のクセを知る

自分と自分の関係をよくする要素には、大きく分けて2つあります。

1．心の動き方のクセを知る
2．自分を分かる理解者となる

です。１番目の「心の動き方のクセを知る」からご説明しましょう。

相手が話している最中なのに、なぜ途中で口を挟みたくなるのでしょうか？

言いたくなる理由には2通りあります。

一つは「反論したいとき」。

もう一つは話題に乗っかって「自分の話をしたいとき」です。

反論にしろ興味があるにしろ、どちらも「言いたくなっている」と聴けなくなります。

「言いたくなる」は知識や技術で解決できることではありません。心の動きです。

まずはあなたの心が「何にどれくらい反応するか」しっかり知った上で対処しなければいけません。この心が反応するもののことを**フィルター**と呼んでいます。

この本の124ページでお話しした「電車の例」を読み直してみてください。どういう態度をとるかは電車が遅れたことが問題なのではなく、電車が遅れたことに対してあなたのフィルターがどのように反応したかで決まります。

◆あなたの心が何に反応するか

反対意見を言われれば、誰でも気分がよくないものです。心の中にある「イヤだなフィルター」が反応して、言い返したくなります。でも同じことを言われても「イヤだなフィルター」が反応しない人もいます。

好きすぎる話は「私もそれ知ってる！」と「大好きフィルター」が反応して会話を横どりして言いたくなります。でもそのことに何の興味もない人の「大好きフィルター」は、反応しません。

意識的か無意識かに関係なく、どう反応するかは全部自分が決めているのです。

そして**嫌いな話題も好きな話題も、結局フィルターが反応しすぎると聴けなくなります。**

つまり、ちゃんと話が聴けるかどうかは、最初の一番の鍵として知識や技術の豊富さではなく、**心のフィルターによって決まっている**ということです。知識と技術は心のフィルターを通ったあとをちょっとサポートしてくれるだけの道具にすぎません。

一番大事な心のフィルターなのに、意外とみんな気にしません。はたしてそれで、聴き上手になれるのでしょうか？

心のフィルターを日頃からよく理解し訓練しておくと、聴きやすさが変わってきます。

たとえば**家族や会社の部下など、身近な人の話が聴きにくい人は多いでしょう。**

最初のうち我慢していていても、一度口を開いてしまったら最後、もう二度と口を閉じることはできない、そんな人もいるはずです。

身近な人ほどフィルターが過敏に反応しやすいのは、あなたが怒りっぽいとか我慢が足りないからではありません。**もともとそういうものなのです。**

これを防ぐ方法は日頃から自分の中にどんなフィルターがあり、どのように反応するのかよく知っておくことです。そうすればコントロールできるようになります。

どんなフィルターがあるかクリアにわかっていさえすれば、それを横に置いておきながら相手の話に集中しやすくもなります。


たとえば、ネガティブな話をたくさん聴いていたら、こちらまでしんどくなるという人がいます。それは相手の感情に自分の感情が巻き込まれてしまっているからです。

相手の感情と自分の感情がごちゃごちゃになって境界線がわからなくなっているのです。

共感のところでお話しした通り、共感するには相手の感情と自分の感情をしっかり分ける必要があるのはこのためです。自分の感情がいったいどういうものであるのかがわからなかったら、分けようがありません。

顧客などから相談を受ける仕事をしている人たちは、対応方法を共有するためのケーススタディをよく行います。でもこれは事務処理のミスをなくすのに役立っても、接遇レベルの改善そのものにはなかなかうまく機能しません。

なぜなら聴けなかったその人のフィルターの問題には触れず、対処の方法だけ決めても、人によってフィルターの反応のし方が全く違うので、**Aさんにはできても Bさんには同じことができない**ということが、頻繁に起きるからです。

そのとき、なぜあなたは私と同じようにできないんだと責めても仕方ありません。

マニュアルを用意してできるだけ多くのケースを画一的に済まそうとすることでかえって問題を膨らませているケースを目にします。


ケーススタディーよりもむしろ**担当者自身が大変だったこと、つらかったことなど心のフィルターに何が響いたか**を職場内で共有する場を持つことの方が、職場の雰囲気をよくします。心情的に理解してくれる仲間がいることは、働く人の安心感にもつながります。

その延長線上に、顧客の心情の理解があります。


自分の気持ちが落ち着かない人が、他人の気持ちを落ち着かせることは不可能です。

そのために、自分の心が何に反応する（しない）かを知ることが必要です。

◆**誰も怒らせることはできない**

自分の中のフィルターをちゃんと理解することは、聴く上でとても大切なことです。

でも、もしかしたら**自分の中の感情を見つめるという作業が苦手な人**がいるかもしれません。そういう人のために一般論としてお話ししておきます。


「あいつがあんなことをしたから私は怒っている」という人がいます。

結論を言ってしまえば、実際は誰もあなたを怒らせることはできません。

怒るかどうかは、あなたが決めているのです。

育ってきた環境のせい、人のせい、出来事のせい、過去のせい、親のせい。

何かに対して怒ったとき「〜のせいで」と言いたくなります。

でも実際はあなたが怒ると決めない限り、誰もあなたを怒らせることはできません。

怒るときはいつも「いまから怒るぞ！」と自分の中にある「怒るスイッチ」をオンにしているのです。気分がいいときなら許せるようなことでも、気分が悪いと怒るというのであれば、まさに自分で決めている証拠です。相手の責任ではありません。

あなたを責めているのではありません。みんなそうなのです。

でも事実は事実として認める必要があります。こういう言い方をされるときつく聞こえる人もいるかもしれませんが、**怒るかどうかは常にあなたが選択しているの**が事実です。

フィルターは悪いものではありません。誰の中にもあります。フィルターを使ってみんな自分を守っています。フィルターがあるおかげで落ち込み過ぎずにすむこともあります。

必要があってフィルターは存在しているのですが、誰かの話を聴くときには邪魔になることがあります。ですからちゃんと聴きたいのであれば、自分の心の中にあるフィルターをできるだけクリアに見つめる練習をすることをおすすめします。

このときのポイントは、「**フィルターはちゃんとクリアに見るだけ**」ということです。

見えてきたフィルターを「**だから私はだめなのね**」**と自分を裁くのに使わないでください。**「ただクリアに見ようとするだけ」これが大切です。

◆感情の言語化

フィルターをクリアに見つめるためのワーク「感情の言語化」をやってみましょう。

今あなたが感じていることを、いまここで口に出してみるというものです。

「知識はまず口でアウトプットするとクリアに理解できる」と前にお話ししました。

感情も同じく、口でアウトプットできて初めてクリアになったと言えます。

そして**自分の感情を口にするのは、感情のアンテナを高くする訓練です。**

自分の感情にアンテナが高い人ほど、他人の感情に対してもアンテナが高くなります。

話を聴くときに、「考えながら」聞くのではなく、「**感じながら**」聴くと、今までと違う聴き方ができるようになります。

そして傾聴する人は、相手の感情を否定しないだけでなく、自分の感情も否定しない方が聴きやすくなります。次はそんなお話です。

②自分が自分の最大の理解者になる

自分と自分との関係をよくするために必要なことの1番目は**客観的に自分の心の動き方の特徴を知る**ということでした。2番目は、「**自分をわかってあげる**」ことです。

仕事を持つ50歳代の女性Yさんは、今度会社の役員になることが決まりました。

100年以上の伝統があるその会社では、初の女性役員です。

Yさんにはご主人と中学生の子供一人がいます。ご主人も働いていて特に家事を手伝うこともないので、Yさんは家のこと子供のことをやりながら、仕事でも成功したキャリアウーマンです。経営陣からだけでなく同僚たちからもとても仕事できる人として評価されていました。そのYさんがある日カウンセリングにやってきました。

おそらくYさんを知る人たちが聞いたら「イヤイヤ、彼女はそんなタイプじゃないよね。バリバリ働くタイプだし」と信じないでしょう。

話を聴いてみると**「役員になることが決まって怖くなった」**のだそうです。

どういうことかと聴いてみると「実は私グズでノロマなんです」と。

家も子供も仕事も完ぺきにこなしているように見えるYさんがグズでノロマとは意外な気がしますが、でも**本人の自己評価はグズでノロマ**なのです。


例えばこんなエピソードがありました。

Yさんが子供のころ、夜中にお父さんが急に家に取引先の人や会社の同僚を家に連れてくることがありました。「いまから5人行くから酒を用意するように」という具合に。

そんなときにもYさんのお母さんはすごくテキパキとして、急な来客にも対応できる人でした。

Yさんが小学校中学年くらいになると、お母さんの手伝いをするようになりました。自分からやるというときもあればお母さんから頼まれてしたこともあります。当然まだ子供のYさんですから、おつまみをお皿に盛りつけるにしてお皿を並べるにしてもお母さんのようにはテキパキとはできません。

するとお母さんからよくこんな言葉がとんできたそうです。

「なにグズグズやってるの！　間に合わないじゃない！　早くやって。**ほんとグズでノロマなんだから**」

別のときにはこんなこともありました。

Yさんは夏休みの宿題に縫物があったのを忘れていて、夏休みが終わる前の日に思い出したのです。Yさんは一生懸命自分で作り上げようと、とりかかりました。でも一日で簡単にできるようなものではありませんでした。夜11時頃になったとき、それまで何も言わなかったお母さんがYさんの部屋にやってきました。

そして縫いかけの作品をとりあげて言いました。

「いま何時だと思ってるの！　お母さんが作っておいてあげるから早く寝なさい！　**ほんとグズでノロマなんだから**」

そんな時Yさんは子供ながらに「だってしょうがないでしょ！」と反論しつつも、心の中には「**私はグズでノロマ**」がしっかりと刻み込まれていったのでしょう。

お母さんには悪気はありません。早く準備が終わらなければお父さんが連れてくるお客さんをもてなすことはできませんし、縫物も完成させてあげたいと思うからこそ作ってあげたのでしょう。Yさんがお手伝いや宿題がちゃんとできなかったのも事実でしょう。

でも過去に起きたことは確かに事実なのですが、**過去に起きた事実だけで自分を評価するのはあまりに不十分ではないでしょうか。**

ここで、なぜお母さんの手伝いをしたのかという子供の頃のYさんの「想い」に目を向けてみると、「お母さんを助けたかったから」とか「お父さんが連れてくるお客さんに喜んでもらいたかったから」、あるいは「自分の手で宿題を仕上げたかったから」という「想いの事実」が見えてきます。「想いの事実」も事実なのです。

また「今の事実」に目を向けてみても違うものが見えてきます。

同僚から「仕事ができるね」と言ってもらっている事実。会社から役員になってほしいと期待されている事実。家と子供のことをやりながら仕事もしっかりこなしている事実。

「過去の出来事」だけが事実ではありません。過去の想い、今できていること、今の想い……など過去、現在、未来にさまざまな事実があります。その中から、過去の「できなかったこと」だけを取り出して自分という人間を決めてしまうのは、あまりに不公平でもったいないことです。

過去の足りなかったこと、至らないところだけ見るのではなく、大人になった今の自分の目と耳と心で事実を見直して、新しい価値観を作り直すことをおすすめします。


自分に対する見方と傾聴がどう関係するのか、と思いますか？

大いに関係があります。

◆「今の価値観」でとらえなおす

自分のマイナスがよく見える人は、他人と出会った時に、まず他人のマイナスが目についてしまいます。

すると相手の苦しみや悲しみを受け止めたくても、あたかも自分自身にダメ出しをするかのように「**相手のダメなところを直したいフィルター**」が反応してしまいます。相手の気持ちを「わかる」よりも前に、自分の意見で「わからせたく」なってしまうのです。こうなったらもう聴くどころではありません。

人は自分を見るように他人を見ます。自分に厳しい人は他人にも厳しくなりがちです。

自分に対して「だめだ」「もっと頑張れ」「なおせ」「改善しろ」というセルフトークが口癖になっている人は、誰かが失敗したのを見たら当然、相手に対しても「なおせ」「改善しろ」「私が言う事が改善のための正しい方法だ」と言いたくなるのです。

人は誰かの話を聞いている時、相手の話を聞いているようで実は常に「私と同じだ」「私と違う」などと自分自身と照らし合わせながら聞いています。だから自分の中で否定したい言動が相手から見えると、苦しくなり否定するか意見したくなるのです。

一代で会社を成長させてきた頑張り屋の経営者が「新人社員がなんで自分と同じように頑張ろうとしないのか」と腹を立てる話は多いです。一人で頑張ってきた人は、自分に対して厳しい**「頑張って当然フィルター」**を持っていることが多いのです。

「頑張って当然フィルター」は人を厳しく指摘するように反応します。


逆に自分に対して**「優しいフィルター」**を持っている人がいたとします。

「この失敗は初めてじゃない。3度目でもない、5度目でもない。人生を通したら似たような失敗を何十回としている…でも**死んでないからまあいいか！**」こんなセルフトークをする人です。この自分に「優しいフィルター」を持つ人が、もし失敗をした人に出会ったらどうなるでしょうか？　当然優しくなります。

「失敗した？　確かに大失敗だね…やっちゃったね…。でも死んでないから大丈夫だよ。次はどうにかなるよ」という風に話を聴くでしょう。

これは、自分に厳しい人にとってはただの甘やかしにしか見えないでしょう。

厳しさそのものを否定するつもりはありません。でももし話をちゃんと聴きたいのに、他人に腹を立てたり感情的に怒ってしまうことが原因で聴けないことがあるのであれば、自分の中にあるフィルターとのつきあい方をそろそろ見なおす時期なのかもしれません。

一番大切なことは、あなた自身が楽でいることです。無理して聴く必要はありません（無理をしてもどうせ聴けません）。やりたければやるというだけのことです。

人は自分を見るように他人を見ます。であるならばもしあなたが傾聴を使って誰かの想いに寄りそいたいなら、**自分の至らないことにも寄りそえる優しい人になる**ことが、聴き上手になる一番の近道です。

◆「本物のプラス思考」を身につける

ある場所で知り合った、コーチングをしているという人が、こんな話をしているのを聞いて驚きました。

「とにかく悪いことは考えないようにする」「悪いことは見ないようにしてプラスのことだけ考える」のだそうです。

同時に、「ありのままの自分を承認してあげるのが大事」とも言います。

私は聞いていていて、とても違和感を覚えました。悪い部分を見ないでいい部分だけ見て「ありのまま」が見えるでしょうか？

私はむしろ逆のことをよくします。つまり悪い部分、醜いと自分が思う部分が何なのか？どこにどれくらいあるのか？　どんな形大きさで自分の中にあるか？　いつも探して、見つけたらそれをじっくり見るようにしています。

そして「これが嫌な部分なんだよね」「こういうところが自分で嫌いなんだよね」「いつもこういう失敗をする自分を責めるんだよね」とクリアにわかろうとします。

例えば私の場合、**見栄っ張り、プライドが高い、怒りっぽい、自尊心が低い、飽きっぽい、冷たい…**など、まだまだたくさんのイヤな自分がいます。

私はそれをいつでも凝視しようとするし、感情が動くたびに探しています。それがありのままの自分をわかることだろうと理解しています。

そして面白いことに、ちゃんと自分のいやと思う部分がクリアに見えてくると、苦しくなるのではなく、安心するのです。

人間の脳にとっては、見えない、訳がわからない状態がストレスになります。いい悪いにかかわらず、クリアに見えることは安心につながります。

でもそれを怖がる人は、目をそらします。そんな悪いものはなかったことにしようとします。するといつも存在がよくわからないモヤモヤしたものに脅かされるようになり、逃げれば逃げるほど追いかけられることになります。

自分の中に実際にはあるものに、良い悪いのラベルを貼って、悪いものからは目をそらす。そんなことをしていると、プラス思考について語るのは上手なのに、カラ元気に感じたり、その人自身からプラスのエネルギーを感じない。そういう「なんちゃってプラス思考」の人になってしまいます。

◆天使と悪魔

私は自分の中にあるイヤな部分のことを**悪魔君**と呼んでいます。

私の中には今も昔もたくさんの悪魔君がいます。

悪魔君はとても賢くて私が傷つきやすいタイミングで、いきなりグサリと傷つく言葉を投げかけてくれます。確信犯ですね。

以前はお風呂でくつろいでいる最中なのに突然、**昔しでかしてたくさんの方に迷惑をかけた大遅刻のこと**を思い出させてくれました。

「なんでこんなタイミングでわざわざ思い出させるの?」と言ってやったくらい、上手に私を傷つけてくれます。

一方で、悪魔君以外に私を支えてくれる**天使君**も私の中にはいます。天使君は「**しょうがないよ**」「**悪気はなかったんだから**」「**結果は最悪だったけどよく頑張ったよ**」など至らなかった私に優しい言葉をかけてくれます。

たとえば私を責めてくる悪魔君が私の中に10人いたとしましょう。そのとき私を支えてくれる天使君が1人だったらどうなるでしょうか？

悪魔君10人対天使君1人ならどちらの声がたくさん聞こえそうですか？　自然に考えれば声の大きさが同じなら当然悪魔君の勝ちです。

多くの人は、自分を責めてくる悪魔君の存在がうっとうしく感じるので、「悪魔君をやっつけて減らそう」とします。でもそうやって悪いものを減らすのは「なんちゃってプラス思考」です。本人はいいことだと思ってやっていても「減らす」のですから、これは結局、マイナス思考です。


本物のプラス思考は「いいものを足す」です。つまり天使君を足すのです。天使君を足していって、結果として悪魔君10人対天使君100人になったらどうでしょう？　文句なく今度は天使君の声の方が大きく聞こえるようになるでしょう。

では質問です。

悪魔君10人対天使君100人になった時、悪魔君はあなたの中にいてもいいでしょうか？　悪いでしょうか？　もしも、

「天使君が100人いるなら悪魔君は10人くらいいてもいい。天使君と悪魔君を足して110人、別にいいじゃない」

こう思えるならあなたはプラス思考の持ち主です。

天使君が100人いても、悪魔君が10人いるのが許せないならマイナス思考です。

「ありのままを受け入れましょう」という言葉を耳にします。この例では「悪魔君が10人と天使が100人いる」というのがありのままの事実です。

ぜひ、**「ありのまま」を認める本物のプラス思考**になりましょう。


傾聴をする人自身が本物のプラス思考を身につけていることは、とても大切です。

なぜなら**自分の「ありのまま」を受け入れられない人は、他人の「ありのまま」を受け入れられない**からです。ここでもまた、「自分にできないことは他人に対してもできない」という原則が働いています。

あなたが自分の「ありのまま」を受け入れられる分だけ、他人の「ありのまま」を受け入れることができます。それはフィルターの反応の仕方にも大きく影響します。

◆効果がないことは続けない

「何度言ってもあの人は言うことを聞かないんです。どうしたらいいでしょうか?」

親や経営者、上司の立場の人から子供や部下に対する相談としてよく聞く話です。

こういう人には逆に訊きたいです。**「なぜ何度同じことを言っても聞いてもらえないのに、何度も同じことを言うのですか?」**と。

変えようとしても変わらないことにエネルギーを使い続けるのは、よほどの信念を持ってやっているのでない限り無駄です。そこにエネルギーをかけ続けるのはやめた方がいいのではないでしょうか。

そして変えられないものの代表は、前にお話しした**「過去」と「他人」**です。

他人は変えられないと知りながら、なぜ変えることにエネルギーを使い続けるのでしょうか? 他人に対して「こうしてほしい」と願うのは自由ですが、変えられないという事実に対して無駄なエネルギーを使い続けるのはやめたらどうでしょうか。

それは相手のためになっていないばかりか、あなたが疲弊するだけだからです。

何度言っても変わらないということ、そして変えられないことで悩み続けるくらいなら、やり方を変えることにエネルギーを使いましょう。

◆「本物のプラス思考」のまとめ

・いい部分だけでなく、悪い部分もしっかり見る
・×を減らすのではなく○を増やす
・等身大で自分をそのまま理解する
・自分をそのまま見て無条件に受け入れる

あなたは「本物のプラス思考」ですか？　それとも「なんちゃってプラス思考」ですか？

マイナス思考ならマイナス思考と認められる人の方が、「なんちゃってプラス思考」よりもよっぽど正直で、ありのままを見れている人だと思います。

自分と自分との関係は、完璧になることはないかもしれません。

でも聴き上手になりたい人は、本物のプラス思考に近づけば近づくほど、**他の人が「本物のプラス思考」になるお手伝い**がしやすくなります。

相手のために何かする以前に、まずは自分自身が本物のプラス思考を身につけて楽になりましょう。

◆自分が自分の最大のサポーターになる

周りでサポートしてくれる人は、多ければ多いほど心強いものです。

でもみんなそれぞれ事情を抱えながら暮らしていますから、あなたが必要なタイミングで必要な支援が得られるとは限りません。

そもそもあなたがこの世で一番サポートしてほしいのは誰からでしょうか？

親、パートナー、職場の上司、学校の先生…？　本当にその人たちにサポートしてもらえれば十分ですか？

質問があります。**あなたはあなたの最大のサポーターになっていますか？**

もしかして、あなた自身が親や社会と同じ目線であなたを責める、**世界で一番厳しい批判者**になっていませんか？

人生で一番一緒にいるのは、他でもない自分です。

人生で一番話すことが多い相手は、ほかならぬ自分自身です。24時間、365日、一日中、自分の中で会話（セルフトーク）をしています。

その一緒にいる自分自身の中のセルフトークがマイナスだと、自分に対する見方もマイナスになり、発せられるエネルギーもマイナスになります。

マイナスのエネルギーは相手にもそのまま伝わります。ですから聴き上手をめざす人は、自分自身が最大のサポーターとなり自分を支える最大の理解者になることをおすすめします。つまり**自分の中に悪魔君（批評家）だけではなく、天使君（サポーター）を持ちましょう。**


では具体的に自分のサポーターになるとはどういう事かというと、それは、

「セルフトークをプラス語にする」ことです。自分を支える言葉をたくさん持つことです。

自分を支える言葉とは「頑張れ」「しっかりしろ」と叱咤激励する言葉ではありません。「できないこと」「そうせざるを得ないこと」をまさにわかって受け止めてあげる理解者になる言葉がけです。あなたの心にピッタリ通るかわかりませんが、例えばこんな感じです。

「良く頑張った」

「一生懸命やったね」

「どんなにつらかったか知ってるよ」

「よく我慢したね」

「それがいいと思ったんだからしょうがないよ」

「それしかないと思ったんだよね」

こういう言葉は他人から言ってもらえても嬉しい言葉ですが、あなた自身は日頃から自

自分が自分の批判者から、サポーターになる

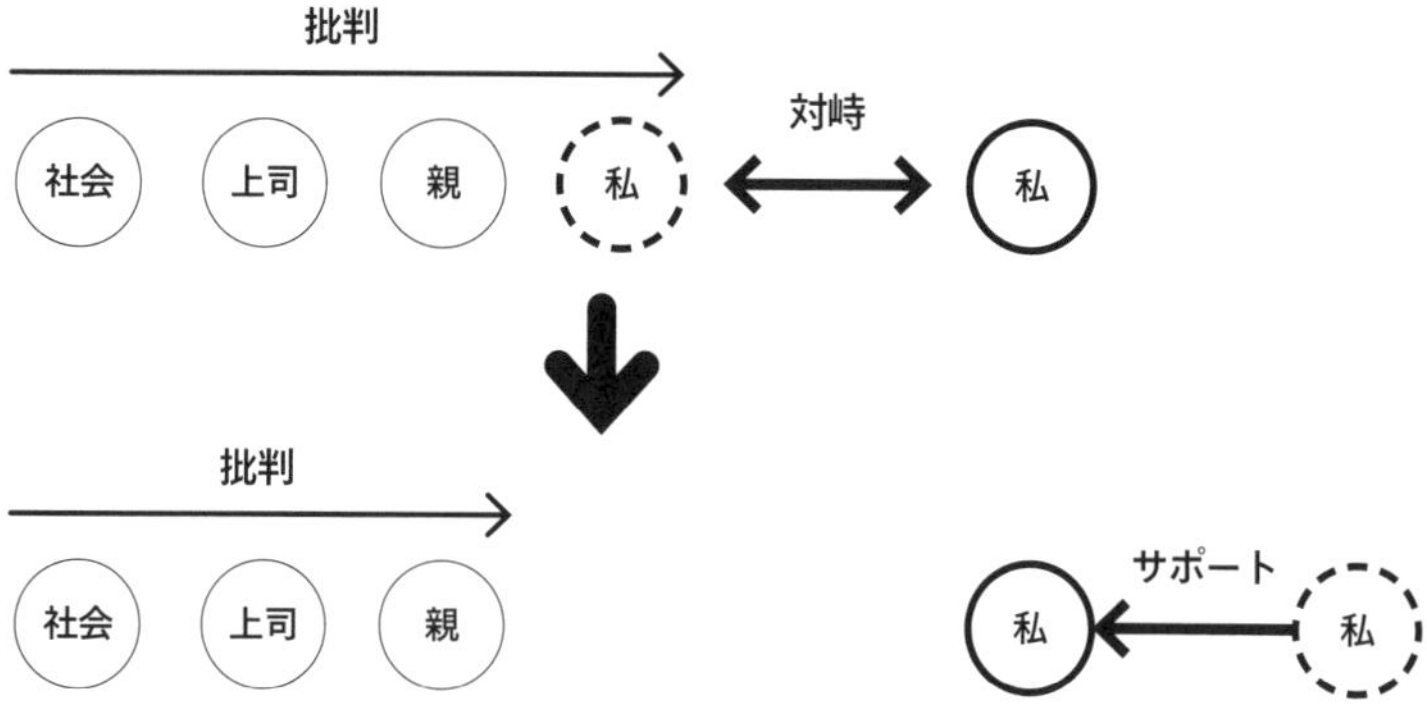

分にこんな風に言ってあげていますか？

「いえいえ私なんてまだまだ…」「もっと頑張らないといけないんです…」が口癖になっていませんか？　**いくらあなたの周りにサポーターがいても、最後にあなたがその言葉を受け入れなかったら意味がありません。**

極端な話、**まわりが全員批判者であったとしても、あなただけは最後まであなたの最大の理解者でいてあげてほしい**のです。

つまり**自分に○をつけてあげてほしい**のです。

自分を支えるプラス語は、自分を尊重する芽を育ててくれます。そして**自分を尊重できる人は、自然と他人のことも尊重できる（したくなる）ものです。**相手のことを考える前に、まず自分を尊重しましょう。

◆自分の長所と短所

ここで簡単なワークをしてみましょう。

何も書かれていない紙かノートを用意してください。

書く向きは、縦書きでも横書きでもかまいません。

紙の真ん中に縦に1本線を引き、書く場所を2つに分けてください。
①分けた半分にいまから2分間で「自分の長所」を箇条書きで書きだしてみてください。
②それが終わったら残りの半分にやはり2分間で「自分の短所」を箇条書きで書きだしてみてください。
ではどうぞ。


長所と短所どちらがたくさん書き出せましたか?

一般には圧倒的に「短所の方が書き出しやすかった」という人が多くなります。

いま書きだしたものが、あなたの中にいる悪魔君と天使君の一例です。

長所がたくさん書き出せた方はどうぞこれからも自分とのよい関係を続けてください。

短所がたくさん書き出せた方はセルフトークをプラス語にする練習をしてみてください。

では次に、自分を支える言葉を実際書きだしてみましょう。

◆自分を支える言葉

さきほどお話ししましたが、自分を支える言葉とは「頑張れ」とお尻をたたいたり、「しっかりしろ」と叱咤激励する言葉ではありません。

あくまで至らなかったことについて反省させたり「わからせる」のではなく、**できなかった気持ちに共感して**「**わかってあげる**」言葉がけです。

どんな言葉がその人の心に響くかは人それぞれ違います。**その言葉を言われたらホッとする、安心するような言葉**を自分自身とよく相談しながら探してみてください。

まずは一つ、練習として「失敗したときのこと」でやってみましょう。

過去に実際にあった失敗体験を思い起こして、**その時一体何という言葉をかけてもらいたかったか**を考えてみるのです。

遅刻、確認ミス、勘違い、ど忘れ、緊張などさまざまな状況で、さまざまな失敗があるでしょう。その失敗をしたときに、どういう言葉をかけてもらえたら救われた気になれたと思いますか？　いろいろ言葉を思い浮かべながら、その時の自分になったつもりでいくつも言ってみてください。

ではどうぞ。

できましたか？

ちゃんと、大失敗した昔の自分はホッとしてくれましたか？

もしかしたら「頑張れ！」「しっかりしろ！」「やっぱりお前が悪い」という言葉しか見つからなかったという人もいるかもしれません。その時は、**自分はまだまだ自分に厳しいんだな**とだけ気付いていただければ、まずは結構です。

そして、いろいろな失敗についていくつも増やしていってもいいですし、違うマイナスの感情を感じざるを得なかった場面について、同様に自分を支える言葉をかけていくのもいいでしょう。

ポイントは、**ちゃんと口に出して自分が自分に語りかけてあげる**ということです。

「どんな言葉がけをしてもどうしても自分が悪いとしか思えない」と言う人がいますが、そうではありません。そう思えないからこそ、**思えるまで言い続ける**ことに意味があるのです。結果は変えられませんが、その結果を得たいと願って行動することはできます。

他人を支えられるようになるために、まず自分を支えられるようになってください。

◆人のせいにしたくなる投射の心理に気付く

ここで心のフィルターの動きに関係してくる「投射」という現象について、触れておきたいと思います。

本当は自分が問題を抱えているのに、素直に認められず「これは私の問題ではなくて相手（外）の問題だ」としたくなることを**投射**（投影）といいます。

たとえば、子供に大学に行ってほしい親が「私はあなたに大学に行ってほしい」とは言わずに「大学に行くのはあなたのためよ」と言うのは、投射です。

息子が引きこもってしまった親が、自分の関わり方に問題があると言わずに「息子がおかしくなった」と言うのも、投射です。

また何かを練習しているとき、なかなか慣れずにいるときに「自分の理解と練習が足りない」とは言わず「このやり方はおかしい」と言うのも投射です。

とにかく自分は正しくて、「外」がおかしい（問題を抱えている）ととらえるのが投射です。あなたもそういうことをした経験、された経験がありませんか？

投射はなぜ起きるのかというと、誰でも**自分の中に問題があるなど認めたくない**からです。

自分に対して、わがままだ、汚らわしい、足りない、いじきたない、恥ずかしい、至らないというようなイヤな部分、足りない部分があるとき、自分以外の物に責任をなすりつけた方が楽なので、ついつい投射したくなります。

そして投射するときは感情的になっています。怒る、腹が立つ、ムカつく、いらつくというように、周りの状況が自分の思い通りにならないときにこういう感情が起きますね。

たとえば会社で上司が部下に腹を立てるのは部下の能力（努力）が足りないからだけではありません。部下がちゃんと働いてくれないと自分が困るから腹が立つのです。

仕事が進まない↓業績が上がらない↓仕事ができない人間と思われるのではないかと不安になる↓上司としての評価が下がる↓降格させられる↓会社に居づらくなる↓失業する↓お金がなくなる↓生活が危うくなる↓家族を失う↓食べられなくなってしまう↓死んでしまう。

大げさと思われるかもしれませんが、このように**怒りや恐怖は、最後は死の恐怖とつながっている**のです。歴史上の偉人たちを見てもわかるように、死ぬのが怖くない人は少々のことでは怒りません。

このようにマイナスの感情が湧き上がるときは、自分の中にその原因が必ずあります（それを認めるのは嫌でしょうが）。でもこの「投射の心理」があることを先に知っておくと、たとえその瞬間にはできなくて、怒ってしまった後からでも**「いったい何を恐れていたのか?」と自分をふり返ることができます。**

自分の中の恐怖と向き合うことに少し慣れてくると、人の話を聴いていても心のフィルターが過剰反応しにくくなり、他人の恐怖にもつきあいやすくなります。

相手の感情に巻き込まれないためにも、投射するフィルターを鍛えることは役に立ちます。あなたは投射している自分を認めることができるでしょうか?

◆引きこもりの母

投射の例をもう1つご紹介しましょう。

私は2006年から8年間、地元の引きこもり支援の団体で引きこもり支援をしていました。そこに相談に来るお母さんたちの多くが「息子を自分らしく生きられるように助けてほしい」と訴えてきます。当然ですね。

でも実際、それは難しいのです。

その時、お母さんに「子供のことはあるけれど、お母さんの人生もあるのだからお母さんも自分らしく生きてほしい」というようなことをお伝えすると、決まって次のような答えが返ってきます。「息子を先に元気にしてあげてください」。

美しき家族愛…に見えますが、**実はこれが投射です。**

考えてみてください。息子は確かに自分らしく生きられていないので困っています。これは救えるなら救ってあげたいと思います。

では、お母さんは自分らしく生きているでしょうか？　息子のことが気になるから自分らしく生きられていないのです。

つまり、自分らしく生きられていない人が2人いるのです。このときお母さんが自分らしく生きられていないのに、息子に先にそれをやらせようとするのは投射です。

また「息子が元気になったら私が元気になれる」というのであれば、それは息子に人生を預けてしまっているという意味で「依存」でもあります。

◆「人のため」は怪しい

「人のため」という言葉があります。そもそも一体何がある人のためになるのか、他人にわかるでしょうか？

例えば大学に行くことを拒む子供に、親が「大学くらい行きなさい。それがお前のためだ」と言ったとします。

それは親の中に、大学に行かなかったときのリスクがいろいろと見えているから言うのでしょう。子供を傷つけたい親などいません。子供に不自由な生活を送ってほしくないと願う親としては、当然それが子供のためになると考えるのは当然です。

では子供の立場からみたらどうなるでしょう？　子供自身が考える「自分のため」は、もし大学に行きたくないのであれば「行きたくないという、その気持ちを認めてもらうこと」が、一番自分のためになると感じるはずです。


「人のため」になることって、いったい何でしょうか？

答えは「誰にもわからない」だと思います。

「人のため」は立場によっても、見方によっても、時期によっても、そして何よりいまの自分の幸福度によって変わりますから、何をもって相手のためになったかは「わからない」のです。


想像してみてください。たとえばあなたが誰かからどうしても相談に乗ってほしいと頼まれたとします。そして忙しい中、その人のために時間をわざわざ作って一時間ほど話を聞いてあげてアドバイスもしてあげたとします。

相手はスッキリした顔をして喜んで「ありがとうございます！　アドバイス通りやってみます！」と元気に帰っていったとします。

一週間くらいたってその人に再び会う機会があり、その後の経過を聞いてみたとします。すると相手が「いや…実は…アドバイスしてもらったことはなにもまだしていなくて…」と言ったら、どう思うでしょうか？

よっぽど心が広い人でない限り、あんなに喜んで帰ったのに何もしていないってどういう事！と腹を立てたくなるでしょう。しかし、もし腹が立つなら、**はじめから相手のためにアドバイスなどしていなかった**ということです。


怒り、恨み、ねたみ、不満のような感情は「**自分がないがしろにされた**」と感じた時に出てくる感情です。ということは、そもそもアドバイスをしてあげることで「いいアドバイスをしてやったぞ！」「私は役に立ったぞ」と自分が喜びたかったのです。それが叶わなかったと感じるから、怒りたくなるのです。

たとえアドバイスするにしても、人のためではなく**自分のためにした**と思ってすると変な怒りや不満がなくなります。「**相手のためになったらいいな**」**とは願いつつも、相手のためにはやらない**ということです。

それと同じで、話を聴くことも「相手のために」聴こうとするのではなく、「自分のため」と思える時、思える程度にすることをおすすめします。

どこかで我慢をしていると、必ず相手に対する不満、投射として出てきます。

◆判断・行動の基準を自分に持つ

「聴いたらいいときと聴かない方がいいときはいつですか？」と質問されます。

答えは簡単です。「**聴きたいときに聴く**」。

会社の管理職の人から「聴けないときはどうしたら聴けるか？」と質問されることもあります。これも答えは簡単です。

「**どうせ無理してもちゃんと聴けないのだから、聴かない**」です。

自分も急ぎの用事がある中で、部下から話しかけられたりすることがあるでしょう。

ある時、管理職の方からその質問をいただいたとき私は「聴きたいですか？」と質問してみました。するとその方は、

「管理する立場にいるから聴かないといけないでしょう」と答えました。

私はもう一度訊きました。

「確かに聴かないといけない立場にいらっしゃいますね。で、聴きたいですか？」

「だから管理職だから聴かないと…」

そんなやりとりを2、3回くり返していたら、その方がだんだんイラついてきて「岩松さんもわからない人ですね。聴かなきゃいけない立場だって言ってるでしょ！」と言いました。私も、

「聴かなきゃいけない立場にいらして、聴けないときに聴かなければいけないとおっしゃっているのはよくわかりました。それでその時聴きたいのですか？と訊いているんです」

とちょっと語気を強めて訊いたら、ようやく相手も勢い余って、

「聴きたいわけないでしょ！　こっちだって忙しいんだから！」と答えました。

「聴きたくないんですね。少なくともその時は」

「そうです…」


この例文で何がお伝えしたかったかと言うと、自分を立場や社会的な役割から見る癖がつきすぎていて**「～すべき」と「～したい」の区別がつかなくなっている**ということです。

忙しくても聴ける方法もあるかもしれません。でもこのケースでは、本人が聴けないと言っているのですから、やはり聴けないのだと思います。

私たちは人間です。いつでも周囲の期待通り振舞う事などできません。

ところが役割や立場というのは厄介で、それがあることで、つい「**できないこともできなければいけない**」ような錯覚に陥ってしまいます。

でも考えてみてください。

天才バッターであるイチロー選手が、休日に町をぶらぶら散歩していたとします。

そのときいきなり後ろから何も言わずにボールを投げられたら打てるでしょうか？

不意をつかれているし、打つための道具もないのですから打てるわけがありません。

その「打てっこない状態で投げられたボールを打てなかった」ことについて、イチロー選手がいちいち「おれはメジャーリーガーなのに…」と自分を責めるでしょうか？

するわけがありません。


私に言わせれば、聴けないときに聴こうとすることは、それと同じことをやろうというのです。投げやりになれと言っているのではありません。できないことはできないと認めましょうということです。

こんな例を一つ出せば簡単に理解できるのに、立場や役割が付いたとたん「聴けない自分が何かいけないのではないか」と感じてしまうから不思議です。

立場や役割というラベルから来るフィルターは、自分で外すしかありません。

つまりこれは聴き方の問題ではなく「管理職」という事に対してその人が持っているフィルターの問題なのです。

もちろんこのフィルターは本人だけでなく、社会や企業の風土からいつの間にか作り上げられてしまう面もあります。**そこに自分で疑問を投げかけるのです。**

外の基準ではなく、自分自身の目と耳と心で基準を作り直しましょう。

「急いでいる」「焦っている」。そんな心ここにあらずの状況の時に、上手に話を聴こうとしないことです。


そんな時は無理に聴こうとせずに、**時間や場所を変える**道を探しましょう。

もしすごくイライラしている時に無理に聴こうとして相手にきつい言葉でも投げかけようものなら相手が傷つくだけでなく、それをしてしまった自分も自分を責めれば、傷つく被害者は2人になります。だったら初めからできないことをできるふりをするより、「いま聴けないからあとにして」と聴けない状況を素直に伝える方がいいです。

その時に「**上司だから聴かねばならぬ**」というフィルターは邪魔になります。

「上司でも聴けないときがある」というフィルターに書き変えましょう。

こちらが聴けないことについて、相手が納得してくれなかったらどうするのかという疑問もあるでしょう。いろいろな考え方があるでしょうが、一つには「**何をしても、相手が納得してくれるかどうかはわからない**」ということです。

相手が納得してくれても、してくれなくてもこちらができることは一つだけです。

納得してもらえないこともあり得るとわかりつつ、こちらができる最善を提案するしかないのではないでしょうか。


こちらの体調や気分とは関係なく、役割としてどうしても聴かなければいけないときは確かにあります。あるいは聴くだけでなくその場で何か判断しなければいけないときもあるでしょう。そんなときはどうするか？

私は聴き始める前に「**聴けなくても自分を責めない**」**と自分と約束する**ことにしています。そして例えば60分聴かねばならない時間があるなら、聴けなくても仕方ないと自分の中のハードルを十分下げた上で、**1分でも聴けたら自分に「よし聴けたぞ！」と○をつけるように**しています。まさに先ほどの本物のプラス思考そのものです。さらに「聴けない状態で判断することなのだから、**結果が悪くなっても自分を責めない**」と約束をします。

何度も言いますが、聴けないと自分が思うのですからやはり聴けないです。聴けないのに無理をして聴くふりをして結局聴けなくて、相手に感情的に口撃してしまったりしたら相手だけでなく自分も傷つきます。そしてそれをくり返しているうちに、その人から話しかけられることがますます嫌になり、仕事が嫌になり、人生が嫌になっていくでしょう。

自分を責める方が元気で頑張れるというならそれもいいでしょう。でも多くの人は自分を責めた分だけエネルギーが落ちます。心が硬くなるか冷たくなります。

もし「聴かない」という選択が可能なら、それを選択することで自分が傷つかなくてすむなら、その方がいいというのが私の考えです。

『ロジャーズ撰集　カウンセラーなら一度は読んでおきたい厳選33論文』（誠信書房）という本に書かれていた一文が、いまも私の支えになってくれています。

「セラピストは『私はいま自分の問題に集中しているので、あなたの話に耳を傾けることはできない』というような模範的ではない部分も含めて常に自己自身であればそれで十分なのである。大事なことは、自分自身に関してクライアントを欺いてはならないことだ」

自分の受け入れにくい部分もそのまま受け入れられるようになると、会話の中から見えてくる相手の受け入れにくい部分も、フィルターが柔らかくなり聴きやすくなります。

自分に何かを禁止する人は、他人にも禁止することを求めます。

人間関係の基本は、すべて自分と自分との関係によって成り立っているのです。

自分を一番大切にできる人は、他人がその人自身を大切にしようとすることを心から受け入れやすくなります。自分と考えが違うからといって、否定したり誘導したい気持ちがなくなります。


自分にできないことは、他人にもできない。

自分との関係がいいと、他人との関係もよくなる。

この確信は、私の中で揺るがないものとなっています。

◆家では聴かない

私は傾聴の講師なので、よく人から「奥さんの話もよく傾聴されるんでしょうね」と言われます。実際には、私は自宅では「ほぼまったく」傾聴をしていません。

自宅は私がほっとするための場所です。そこで傾聴することは、私にはできません。やろうとも思いません。

でも、普段は家では傾聴しませんが、妻や子供の様子が「いつもと違う」と感じた時は聴く自信があります。そして彼らが気づいているかどうかは別として実際聴いています。

私はそれでいいと思っています。


先日、大学時代の友人2人から別々に相談されました。何年も音沙汰なしだったのにこういうのはタイミングが重なるというのは面白いものです。

一人は職場での1年半に及ぶ激しい人格否定のパワハラについて。

もう一人は、少々情緒不安定気味の奥さんとの離婚話です。

学生時代からバカ騒ぎをするだけだった友人たちですが、その時は傾聴しながら関わりました。

それがよかったのかどうかはわかりませんが、結果的に、彼らはいま元気に暮らしています。

友人たちを救えたかどうかはわかりませんが、**あの時友人には聴いてくれる人が必要で、その場にいることができた。**

この事実は変わりません。

それだけで十分満足です。

傾聴を知っているから365日24時間聴けるなどということはありません。**傾聴はスイッチです。**スイッチをオンにするかオフにするか決めるのはあなたです。

傾聴は、あなたに「聴かねばならない」という縛りをつけるためのものではなく、あなたが誰かと誠実に関わる上で自由になるための道具です。


あなたが自分を本当の意味で大事にできればできるほど、別の誰かのことも大事にできるようになります。

私は本当に聴けるようになりたいので、常識的に我慢して頑張るのではなく、自分を大切にすることを一番に考えるようにしています。

傾聴が上達するかしないかは、自分に対してちゃんと傾聴できるかどうかで決まります。

「自分をちゃんと傾聴して支えられているだろうか」。

このことを忘れないでください。

◆言い訳のススメ

あなたは人の言い訳を聴くのが得意ですか？

社会では言い訳をすると「言い訳するな！」と糾弾されてしまうことがよくあります。

それだからか、悩みごとの相談をされるときはほとんど、あれだからできない、これだからできないと言い訳を聴いているようなものです。

言い訳を聴いているとイライラしてくるという人がいます。

私もイライラするときがあります。

「でも…」「だけど…」「言いたいことはわかりますけど…」確かに聴きにくいですね。

言い訳を上手に聴くために、できることは何でしょうか？

あなた自身が、「自分の言い訳」をちゃんと聴いてあげることです。

言い訳に過剰反応してしまうフィルターを柔らかくするには、自分の言い訳を聴く習慣をつけることです。

それができるようになった分だけ、他人の言い訳も聴きやすくなります。

人が何か行動した（しなかった）ことには、必ずそうせざるをえなかった**訳（わけ）**があるものです。

「なぜあの時、あの道を選んだ（選ばなかった）のだろうか？」

とあとから後悔したことはありますか？

そのとき、そうせざるを得なかった理由をちゃんと自分に聴くのです。

大きいものだと学校の選択、結婚、就職、転職から始まり、小さなものでは迷った挙句買ったジュースがマズかったという程度のことまで大小さまざま、こんな結果になるとわかっていたら決してそんな選択はしなかったのに…と後悔したことがあると思います。

しかしその時は、絶対その時のベスト（ベター）を選んだのです。

「イヤそんなことはない。別の選択肢があったはず」と思いますか？

断言します。過去にその分かれ道（選択肢）はありませんでした。

もし時計を巻きもどしてみたところでもう一度考え直してみても、**結果がわかっていない状態で選べば、**必ず同じ道を選びます。

なぜそう言い切れるのか？

それは**分かれ道に立った時、誰ひとりとして「二番目にいい道」を選ぼうとする人はいないからです。**

あなたは今までの人生の中で「二番目にいい人生」をわ
ざ
わ
ざ
選んだことがありますか？ないはずです。

人は限られた選択肢の中で常にベスト（ベター）を選びます。

その結果の積み重ねがいまです。

何かがきっかけでつらい人生を送ってきた人には、巻き戻したい過去、思い出したくない過去があり、この話はきつく聞こえるかもしれません。

自分ではどうしようもなかったこともあります。

でもやはり自分で選んできた道は一本道だったと思うのです。

だからその道を選んだのには必ず**訳**があります。

自分自身の言い訳をしっかり聴きましょう。

すると、他人の言い訳も聴きやすくなります。

私は失敗が多く、言い訳が大好きで、

「**仕方がない**」

「**死にはしない**」

と、しょっちゅう一人で言い訳をしています。

自分を責めれば責めるほど元気になる人はいません。

他人に言ったら責められるような言い訳でも自分が聴いてあげることで、明日また頑張ろうと思えるエネルギーが湧いてくるなら、大歓迎だと思うのです。

◆まとめ

傾聴には**知識＋技術＋自分と自分との関係がよいこと**、この3つの要素が必要です。

知識と技術の練習は、場所と時間があればどこでもできます。

でも自分と自分との関係の見直しだけはそうはいきません。

だから後回しになってしまうのでしょう。

あるいはそんなものは大した問題ではないと思われているのかもしれません。

カウンセラーの間では「教育分析」といって、聴いてもらう体験を積むことが大切だと言われています。実際にやっている人もいるでしょうが、教育分析になるような聴かれ方を日常的に体験していない聴き手も多いのではないでしょうか。

また教育分析を受けるにしても、誰かに聴いてもらう体験はゴールではなくて、あくまで自分が自分を傾聴するための疑似体験です。

最終ゴールは常に自分が自分の心を傾聴するということです。


ハワイに行ったことがない人が正確にハワイの絵を描けないのと同様に、**本当に共感して聴いてもらった経験がない人が本当に共感しながら聴けるのでしょうか？**

そしてあなた自身がこの世で一番わかってほしい相手は誰か？

サポートしてほしいのは誰からか？と問いかけをしてきました。


それは「自分自身」でした。

傾聴の技術や知識は、それを誰かに使うことが傾聴なのではなく、実は「自分と自分とのいい関係」を作るのをサポートするための道具にすぎないのです。

傾聴をしたいと願うすべての人が、そのことについて本当にそうだなと感じていただき、理解が深まった時に、本当の聴き上手が増えてくるのだと思います。

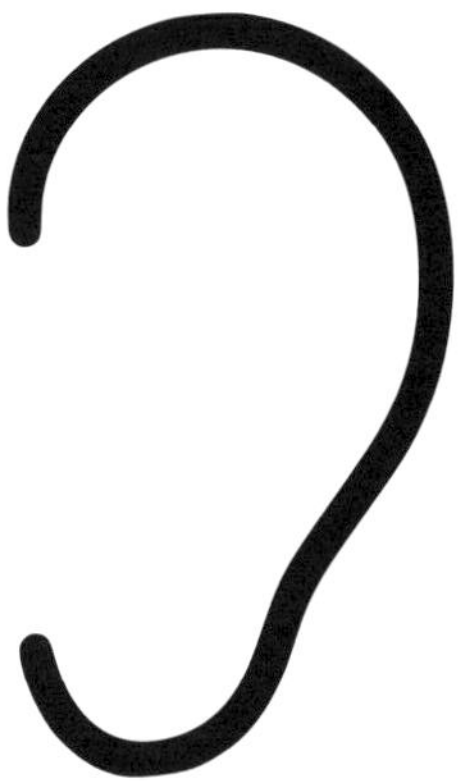

第4章
よくある質問

ここでは、話の聴き方について、よくある質問をご紹介します。

1.謙遜してみせる人への対応

「私なんてまだまだです」

「あなたと比べたら私なんて」

自己肯定感が低い人によくある反応です。

せっかくこちらが感謝したりほめているのに、その言葉を素直に受けとってくれない人っていますね。

こういう人には「謙遜しなくていいよ」と言っても、なかなか受け入れてくれないでしょう。

いろいろな関わりがあると思いますが、傾聴的に接するならば、
①まずは「**この方は人と比べて自己卑下して見せたくなる場所にいるんだなぁ**」と眺めてみましょう。

②次に、そのまま相手が使った言葉をくり返して鏡に映して返してあげましょう「まだまだ…という感じなのですね」「私なんて…という感じなんだね」
これは「あなたはできない人なんだね」と相手を責めているのではありません。直接そのように言うときついですよね。


「あなたいまこんな風に言っているよ」

「自分のことこんな風に表現しているよ」

と、相手が表現したことを再度吟味してもらうために返してあげるのです。


相手が使った表現でそのまま返してあげる方が、相手が受け取りやすいはずです。

人は話をするとき、わざわざ自分がどんな言葉づかいをしているかなんて気にして話しません。なので発言した人にくり返して戻してあげることで、もう一回情報として耳に入ってくるので再確認してもらうきっかけを作ることができます。

その先は相手まかせです。

「謙遜しないでいいよ」といって「ああそうですか！」と素直に変わるものではありません。

変えられないものは、「受け止める」という方法で関わりましょう。

2.「自信家」への対応

自分の自信のなさが、他人への権力の誇示や威圧として現れることがあります。
一番の対処法は近づかないで、できるだけ距離をとることです。
離れられない距離にいるなら、罪悪感や劣等感を植え付けられそうになった時に、

「そうやって他人を見下して、自分が上にいると思いたいんだなぁ」

と自分の人間性の問題ではなく、相手の問題であると、他人事《ひとごと》として眺めてみることをおすすめします。
そうはいっても相手も劣等感、罪悪案を植え付けるのが上手でしょうから、やはりいろいろな意味で距離をとろうとしましょう。それが一番の解決策です。

3. 明らかに、表情と言っていることが合わない

「私なんて死んでしまえばいいのよ！（笑）」

「ふざけんなっていうの（笑）」

笑いながら怖いことを言う人がいます。

逆に泣きながら「もう大丈夫」という人もいます。

どちらも、表出した言葉と態度が相反していて、どのように理解すればいいか困るでしょう。

笑いながら「私なんか死んでしまえばいい」といった人に向かって、傾聴ではくり返しが大切だからと言ってこちらも笑いながら「死んでしまえばいいのね！（笑）」といってしまったらまずい、ということくらいは誰にでもわかります。


ではどうしたらいいか？

やはりここでも傾聴で「そのまま返す」のです。

先ほどとの違いは、笑って話すようなことではないとあなたが感じたなら、その感じた

ことに誠実に2つの相反する（とあなたが感じた）ものを2つとも返すのです。

つまり、聴き手であるあなた自身は笑わずにニュートラルな位置から「私なんか死んでしまえばいい…**と笑いながらおっしゃるのね**」

あるいは後者の例でいうなら「もう大丈夫…**といいながら涙がこぼれますね**」と、**すべてを鏡に映すように**くり返します。


相手の存在を、そのまま受け止めるのです。

言葉だけでなく態度や雰囲気もそのまま。


聴き手は、話をしている人のあり方を常に映す鏡として存在します。

そして大事なポイントは、あなた自身が話を聴きながら「この表情や態度はおかしい」と感じなければ、そこに関わることはできないということです。

このことからも、聴き手は心を「真っ白」にするのではなく、常に対話の中で自分が何を感じているか、何が感じられないか自分の中で敏感に感じる（感じようとする）必要があります。

その自分の内面に意識が向いている状態のことをロジャーズは「一致」と呼んだのです。

4．どうしたらあの人は話を聴けるようになりますか？

私は傾聴の講師以外にダイエットの講師もしています。

すると自分ではなく、パートナーや子供をやせさせたい、という相談をよく受けます。

でもそれはできません。

本人がやりたいと思っていないものを無理やりやらせても意味がありません。

もしそんな方法があるならお客さんが増えるのでぜひ教えてほしいものです。

なぜやせさせようとするのか考えてみると、その人の中にやせてもらわなければ困る理由があるからです。

一番の理由は大事な人が太り過ぎて健康が心配という善意なのですが、家族と言ってもやはり他人。

本人が望んでいないことをやらせようとすることはコントロールになります。

誰もコントロールされたいとは思っていないのですから、無理に押し付ければ関係は崩れます。

以前、講座に年配の男性が妻から、

「話をちゃんと聴けないなら離婚する」

と脅されて来られたことがありました。

離婚を考えるくらいですから、男性にも悪いところがあるのでしょうが、話を聴かなくて離婚されるなら他にも離婚しなければいけない男性は世にたくさんいるのではないでしょうか。ちょっとお気の毒な気がしました。

確かに講座には来ていただきましたが、聴けるようになったかどうかはわかりません。反対に、聴くことに変なトラウマを持っていないかと心配になります。

もし話を聴いてもらいたい人に対してできることがあるとすれば、**聴けるようになってほしいと思っているあなたの中の不安や心配を伝える**ところまででしょうか。

「あなたは私の話を聴くべき」

と言わず、

「私は話を聴いてもらえなくてさびしいです」

と感情の言葉を入れて伝えてみましょう。

この伝え方は、**アイメッセージ**と言うスキルです。

あるいはあなた自身が傾聴を身につけて話が聴けない本人の「聴けない気持ちを傾聴する」という方法もなくはないのですが、家族や身近な人はどうしても感情が入りますから
それはハードルがかなり高いと思います。

これもトレーニングが必要です。

また相手が上司など目上の人には言えませんね。

その時は、相手がどうやったら聴けるようになるかではなく、どうしたら聴けない相手といても自分が少しでも傷つかずにいられそうかに課題を変えてみてはいかがでしょうか。

5．共感できない話はどう聴くか？

話を聴いても共感できないのには、いくつか原因が考えられます。
①共感できるだけの部品が不足しているとき
②フィルターが反応してしまい、共感ではなく同感できるかできないか判断する耳になってしまう。

③フィルターが反応しなくて何も感じないから共感できない。
②は練習がまだ足りないということなので、同感の聴き方になっていないかチェックして、知識と技術の確認と自分の中のフィルターを明らかにする練習を続けるしかありません。
しかし①と③は経験上、②と同じやり方だけでは解決しないかもしれません。

まずは①のように部品不足についてもっと相手を理解しようとすることから始めます。

「他には？」「それはどんな感じ？」とうながしながら、相手に見えて感じている世界をおすそ分けしてもらえるようもっともっと聴きましょう。

相手の精神世界を表す部品がたくさんあつまれば全体像が見えてきて共感できることもあります。

しかし、部品はたくさん集まっても共感しきれないということもあります。

これからお伝えする方法はおすすめするというわけではなく、私はこうしているということでお読みください。

どうしているかというと**「共感できる一部分だけ一生懸命共感する」**ことがあります。

たとえば10の話があった中で、よくよく聴いてもどうしても全体には共感し切れなかったとします。

その時は10の話全部に共感しようとせず、その中で数個かもしれませんが、

「○○、**××、**△△。**それは本当にそうなのですね**」

と、その中で共感できるものにだけ精一杯共感を示そうとします。

これが共感しきれないときに私がしていることの一つ目です。

もう一つ、③の時や①でどれだけ聴こうとしても共感しきれないときに、試みていることがあります。

ちょっと誤解されそうで言い方に気をつけながらお伝えします。

聴いても共感できないときに、それと似た自分の経験を思い浮かべてみて、似た経験として共感に近づこうとすることがあります。このやり方は教科書には書かれていませんし、常にそうしているということでもありません。

一つ間違うと同感と同じになってしまうのでこれから傾聴を始めるという初心者の方にはお勧めできないやり方ですが、お伝えする意図がちゃんとわかっていただける方はやっ

てみてください。

身近な例でご説明します。

講座の中でAさんが、「家の庭の芝刈りをしないといけないと前から思っているのに、時間がなくてなかなかできない。…いや、時間がないというのは言い訳で、本当はやろうと思えばできるのにどんどん後回しにしているだけなんです。そうしたらどんどん芝が伸びてきて、さらに面倒になってきました」と言いました。

その時あなたは芝刈りをした経験も、芝刈りをやらずに放っておいた経験もなかったとします。

同感ではなく共感だと頭では分かっていても気持ちとして芝刈りをほったらかしにしている人の気持ちが全然感じ取れなかったとします。

そんな時には仕方がないので、過去自分が体験したことがある似た経験を思い起こしてみるということです。

この例では要するに「**やらなければいけないと思っているけれど、やらずにいること**」を自分に当てはめてみます。

例えば私だったら「ゴミ捨て」で似た経験があります。

ごみの収集日にゴミを出さなければいけないと思いつつ、ついつい先にやりたいことがたくさんあってゴミをほったらかしにしておいたら、しばらくして臭い匂いが出てきて大変なことになった経験があります。

ここでもし私がAさんに「私もゴミ捨てで似た経験があります」といってしまったら**ただの同感**になってしまいます。

耳ではAさんの芝刈りの話に耳を傾けながら、心の中ではもしかしたらこういう事に近いかな？と同感にならないよう慎重に注意しながら、ゴミ捨てをせずにいたとき感じたことを思い出して聴きます。

応答の仕方は、もちろんAさんに沿った「**やらずにいたら、面倒なことになってしまったんですね…**」となります。

言い方があっていればよいということではなくて、その時のAさんに近い感情を言葉に乗せたいときにこのような方法をとることがあります。

いまご説明したことがちゃんと伝わったか不安が若干残ります。この方法についてはいいのかどうか私自身よくわかりません。ご自身の責任と判断でされてください。

6. 精神疾患がある人の話を聴くには

うつ病を含む気分［感情］障害の人は約125万人。その人に関係する家族や職場の関係者などを含めると約600万人ほどが、うつ病が生活の身近なところにあるともいわれています（参考：平成29年厚生労働省「患者調査」）。

うつ病以外の精神疾患、たとえば統合失調症などの人も約64万人。

家族、知人、友人、日常生活の中で、メンタルヘルスの問題を抱えた知人と関わる機会を持つ人が増えています。

傾聴の聴き方を身につけることは、そういう人を支える意味でも、自分が少しでも楽に聴くという意味でも役立ちます。

しかし精神疾患を持った人の話を聴く上で、傾聴よりもっと大切なことがあります。

それは**あなた自身の逃げ道をちゃんと作っておくこと**です。

あなたが話を聴こうする相手はきっと大切な人ではありますが、精神疾患を抱えた人でもあるのです。そういう人の話を聴くことは専門家でも容易ではありません。

聴くスキルを身につけるより先に、まずあなた自身が聴き過ぎずにすむ状態を作ってください。具体的には**「断れるようになる」**ことです。

精神疾患に苦しむ人の中には、長い闘病生活の中で医師や家族に心を開けなくなっている人もいます。だから信頼できる知人はよい相談相手になります。

しかしあなたは素人です。できることに限界があります。

大切な人だから力になりたい気持ちはよくわかります。でも気持ちだけで相手を支えることはできません。専門家でも解決が難しい問題について傾聴のスキルを少し学んだくらいで永遠に関わり続けることはできません。自己犠牲をしないことです。


知人を救えないことに罪悪感を覚える人がいます。そして一緒に疲弊していく人を見てきました。そのような二次被害が起きる危険を一番心配します。

「できないことはできない」という勇気が必要です。

断ることができるようになった上で、できる範囲で支えてあげてください。

相手が家族の場合、こちらが望まなくとも関わり続けなければいけないことになります。そういう人は聴き方や支え方を身につけながらでもいいので、あなた自身を支えてくれる人を増やしていってください。

支える人が共倒れになってはいけません。支える人が支えを持つことが大切です。

7. 怒られると委縮してしまいます

怒られても仕方ない失敗をしたなら謝って反省するしかありません。

でもあなたの人格を否定するほど執拗に怒る人がいるとしたら、その人自身が何か自分と自分との関係の悪さを抱えているのでしょう。

そしてもしかしたら、自分と自分との関係がよくないのは怒っているその人だけでなく、あなた自身にも当てはまるかもしれません。

ある人は会社の上司に怒られると、子供の頃父親に怒られているのを思い出して必要以上に緊張してしまうといいました。緊張しやすくて人間関係が苦手、話すのは苦手だからせめて聴くことくらいできるようになりたいといって傾聴講座に来たという人もいます。

しかしそういう人を見ていると、話すことと同じくらい聴くときにも緊張して、何を言われたのかをまったく覚えていられないという場合が結構あります。

実際、話しかけられると緊張しすぎて大事な話なのに内容を忘れてしまい怒られたという人もいます。緊張して怒られる。怒られるからもっと緊張するという緊張のスパイラルにはまっている人もいます。

そういう人に必要なのは、聴く練習ではなく、緊張を柔らかくするために誰かサポートしてくれる人ではないでしょうか。聴く練習はそのあとでいいかもしれません。

緊張しすぎるにはそうならざるを得ない訳が必ずあります。

そこをまず見直してみることをおすすめします。

8. 傾聴はお客さんからのクレーム対応に使えるか？

顧客からのクレームということに限定して言えば、クレームの半分は企業が自分で作っていると思います。

クレームには種類があります。
・1次クレーム：商品サービスの品質に問題がありお客さんから来る第一報。
・2次クレーム：1次クレーム時の初期対応のまずさから、本来怒らなくていいはずのお客さんが怒りだす。

1次クレームの解決策は、改善活動による品質管理レベルの向上で品質を上げて解決するものなので、傾聴は関係ありません。問題は2次クレームです。

クレーマーという言葉がありますが、私自身ふだん顧客として企業に連絡をとった際「この対応失礼だな」と感じることは多々あります。

そういう時は、最初は商品の不具合を伝えるだけの純粋な気持ちだったのに、対応が悪いと怒りたくなることもあります。そういう経験はないでしょうか？

これは、企業が自分で作り出したクレームです。


商品もサービスもそれを使うのは人です。

感情に触れることなく「事柄」だけで対応することは、自らクレームを増やすリスクとなります。特に2次クレームでは顧客も感情的になるので時間を多くとられます。

対応するスタッフのストレスも増えます。対応するスタッフを雇い教育するのにお金もかかります。

傾聴だけですべてのクレーム処理がうまくいくわけではありませんが、傾聴のような「感情」にちゃんと関わるコミュニケーションができれば、少なくともクレームを増やさないことに充分効果があるのではないでしょうか。

マニュアルに書けることがもしあるとしたら「相手の気持ちをいったんちゃんと受け止めること」。これを徹底すると大切な経営資源を無駄に浪費しないですむと思います。

社内では顧客対応のケーススタディと合わせて、傾聴のスキルを身につけることをおすすめします。

9. 聴きたくないときはどうしたらいいか？

すでに触れましたが、私なら迷わずその時は**聴かないで済む道**を探します。

一番よくやるのは**時間と場所を変える**ことです。

またお互い感情的になっているときには、このまま話し続けるのはまずいと思ったら、何も言わずその場を立ち去り気持ちが落ち着いてから戻ってくるなんてこともあります。

(子供に怒っているときなどにあります)

あまりきれいなやり方ではありませんが、さらにヒートアップするよりましです。

また「聴けない」という自分の気持ちには正直に、遠慮せず伝えますが、伝え方はできるだけ配慮します。

「**うるさい、おれは今忙しいんだ!**」というのと「**今聴けないからあとにしてくれる?**」では、伝えたい内容は同じでも相手に伝わる印象はまったく変わります。

キツイ言い方をしてしまうと、言ってしまった本人が自分にがっかりして、相手以上に後悔するのです。

お互いが傷つかないためにも伝えることは遠慮せず、伝え方は配慮してみましょう。

しかし、無理して聴こうということはしないでください。

10. 家族の話が聴きにくいのですがどうしたら聴けますか?

正直に言います。私も家族の話は聴きにくいです。

ときどき、家族の話をちゃんと聴けるという人に出会うと尊敬します。

家族の話を聴きたいと願う気持ちはよくわかります。

でも実際のところ家族の話を聴くことは、人によってはエベレスト登頂と同じくらい難易度が高いのではないでしょうか。

登山の初心者がいきなりエベレストに登らないのと同じで、まずは気軽に話せる友達など高尾山（低い山）からちゃんと登れるように練習することです。それができなければ当然家族にもできません。

私自身、両親を話し相手として考えた時、わかってもらえたという体験がいまだかつてありません。悪気がないのはわかりますが、いつしか、話してもどうせ無駄と思うようになっていました。傾聴を学び始めた理由の一つはそういう経験があるからです。

おかげさまでいまは以前ほど感情的にならずに聴けるようになりました。

以前より穏やかに聴けるようになったのは、適度に距離をとれるようになったからです。

「親子だから話せばわかる」「わかってもらいたい」という思いが強すぎると、それが叶わなかった時はかえって感情的になります。

いい意味であきらめて「**わかってもらえないこともあるよね**」と割り切れるようになりました。

そう思えるようになったのは私自身がたくさん傾聴の先生に聴いてもらえたからです。

聴いてもらえたことで自分の心の声が自分でも聴きやすくなって、先生がいなくても大丈夫になってきました。

親からちゃんと分かってもらえないことで、自分自身が自分に価値がないと感じていたのです。それが怒りとして出てくると聴けなくなっていました。

でも私が本当にわかってほしいのは親ではなく、自分自身だったとわかってから、だいぶ楽になりました。

家族の話が聴けるかどうかも、結局、最後は自分と自分との関係で決まります。

11. 何かいい本はありますか？

2021年3月現在、傾聴について心理学的に最もわかりやすく正確に書かれていると私が思う本は、明治大学の諸富祥彦先生が執筆された『カール・ロジャーズ　カウンセリングの原点』（諸富祥彦著・角川選書）です。

傾聴の本質について書かれている良書です。

筆者（岩松）の2冊目の本『その聴き方では、部下は動きません。』（朝日新聞出版）では、本書に書かれている傾聴の基本スキルをベースとして、ビジネスマンが傾聴を仕事の中で使いやすくするための、問題解決までのステップをまとめてあります。

12．沈黙が苦手だ

沈黙はとても大事です。

カウンセラーの世界では、「沈黙は待つ」というのが基本とされています。

何か質問した後に沈黙になったりすると、「いけないことを訊いてしまったのでは？」と不安になる人がいます。でもたいていその時、相手は考えていたり、何かを思い起こしているのです。

ですから**沈黙は安易に破ってはいけません。**

最近流行りの傾聴ボランティアでは、沈黙への耐性が求められる場面が多々あります。

ただお話し相手をしに行くだけなら、別にいいのです。お話ししたいおじいちゃん、おばあちゃんに集まってもらってお互いに普通の会話をすればいいだけなのですから。

でも傾聴ボランティアはそうではありません。

いろいろな傾聴ボランティアがあるので一概には言えませんが、実際私が関わっていた傾聴ボランティアでは、そのフロアにいるすべての人に、ボランティアが順番についていってすべての人と関わっていくことがあります。

話したい人もいればそうでない人もいます。

話したくないと言ってもらえればその場を立ち去ればいいのですが、中には話は苦手だけれど誰かそばにいてもらうのは歓迎と言う人もいます。シャイでさみしがり屋の人もいます。そういう時会話は弾みません。

そういう方にとっては、そばにいるということ自体がそのままを受け止めることになります。

そんな時に沈黙への耐性がないと困るのです。

そこで無理に話を弾ませようと話し続けてしまう人がいます。

すると問題が起きます。

「おばあちゃん、窓の外見て。お花がきれいだね」

「……」

「今日は天気が良くてよかったね」

「……」

「お昼ご飯は何を召し上がったんですか?」

「……」

これは「気持ち」ではなく、「事柄」の一般会話です。

初めて会った人と多少この手の一般会話があるのは自然なことでしょう。

でも最初から最後まで何か話をしなければと、ずっと話しかけ続けている傾聴ボランティアの人を見かけることがあります。

外から見るとどっちが傾聴ボランティアをしているのかわからないこともあります。

仮にうるさいと思っても自分の子供か孫くらいの人が一生懸命してくれているのだからと、だいたいはおじいちゃん、おばあちゃんの方が気を遣って黙って許してもくれます。

でも傾聴ボランティアの話を聴き過ぎて疲れてしまう年配者もでてきます。中には「うるさい!」と怒られてしまい、落ち込んでしまった傾聴ボランティアもいます。

話しかけること自体が悪くはないのですが、話さずにはいられなくなるのは問題です。

聴く人には、沈黙への耐性が必要です。

沈黙が苦手な人には2つのタイプがあります。

「緊張して黙ってしまう人」と「沈黙が怖くてとにかく話し続ける人」です。

どちらも沈黙を恐れているという点では同じです。


沈黙に耐えられない人のことを「**沈黙恐怖症**」と呼んでいます。

沈黙が苦手なMさんのエピソードをご紹介しましょう。

某社で課長を務めるMさんは「うちの部長はKYなんです」と言います。

KYとはご存じの通り「空気が読めない人」という意味です。

例としてこんな話をしてくれました。

「部長にある企画書を持って行ったのです。そうしたら部長は企画書をじっと眺めたまま何分も黙り込んでいるんです。こっちは早く返事が欲しいのに。ね、KYでしょ!?」

おそらく部長は初めて目にした企画書の内容を吟味していただけでしょう。

もちろん「ちょっと待って」の一言くらいあってもよかったとは思いますが。

Mさんが沈黙に耐えられない「沈黙恐怖症」なのです。


講座のたびに参加者に質問してわかったのは、沈黙恐怖症の人はだいたい全体の6割くらいいるということです。

沈黙が苦手な人から見たらもっと多いのではないかと耳を疑うかもしれません。

でも実際には、6割ほどです。

沈黙恐怖症の人は、沈黙の中に自分がいることに不安を感じます。

どう思われているのか？　何か言わなければいけないのでは？と自意識過剰になります。

沈黙になると話し続けてしまう人のエピソードがあります。

「父は厳しい人でした。子供の頃、食事中に口をきくことを許されませんでした。静まり返った食卓に食べる音だけが響いていたのを今でも思い出します」

過去の生い立ちかどうかはわかりませんが、沈黙が苦手な原因があなたの中に必ずあるということだけは間違いありません。

そこで沈黙に慣れていく簡単でいい方法があります。

沈黙ゲームです。

やり方はとても簡単です。

誰かと話している最中に沈黙になったら、

①「沈黙ゲームスタート！〝チン〟」と頭の中でベルを鳴らします。
②どちら（誰）が先に話し出すかな？と観察しながらその場にいます。
以上です。

それだけ？と思うかもしれませんが、これだけです。

沈黙ゲームをすると2つのことしか起こりません。

1つは、あなた以外の人があなたより先に話し出す、です。

これはあまりいい考えではないかもしれませんが「なんだぁ、沈黙が怖いの私だけじゃないんだ」という学びと安心感につながります。

もう1つは、誰も話し始めない、です。

これは「沈黙は別に悪いことではない」ことを知る学びになります。

冗談のお遊びのようにきこえるかもしれませんが、いつもと違う役割を自分に与えてその場にいることは、いままで身につけてきた思考のクセをなおす訓練になります。

初めはできるだけ友達との集まりなど気軽な場でやるのがいいでしょう。

状況や相手により沈黙で緊張することがあるのは、みんな同じです。でもそれが強すぎるとコミュニケーションがとりにくくなります。

沈黙が苦手だと思う人は、ぜひ沈黙ゲームをやってみてください。

13. イメージしたら共感ではないのか？

本書内の「事柄と気持ち」の中で、イメージして見えるのが事柄で見えないで感じるのが気持ちだと言いました。

基本的にはそのように理解していただければいいでしょう。

特に初心者の方は例外を聞いてしまうと混乱すると思うので「事柄＝イメージで見える」「気持ち＝イメージが見えない」で問題ありません。

でもこの章の中の「共感できない話はどう聴くか？」でご紹介したように、私自身は「イメージを見ながら感じようとする」ことがあります。

そこでも触れたように、これは聴き方として正しいのかどうかわかりません。

また常にイメージしながら聴くという人もいると思います。

あるカウンセラーの先生に「まるで映画のワンシーンを見るかのようにリアルに想像して聴くのです」と言われたことがあります。

私はそれはしませんが、そのようにイメージして聴く聴き方もあるのでしょう。

イメージが見えても見えなくてもどちらでもいいと思うのですが、**大切なのは「同感と共感」をしっかり分けることです。**

あるいは自分が想像（妄想？）して見えたイメージを相手の真実であるかのように決めつけないことです。

もう一つ言うならば、**自分の見えたイメージを先に相手に「こんな感じですか？」と伝えて同意を求めるのも押し付けになるので間違っています。**

あくまで相手をわかろうとする一つの手段としてイメージは使うものであり、それはすべて「だろう」という推測でしかないという自覚が必要です。

逆に言えば、推測である認識がちゃんとありながら決めつけや誘導にならない範囲でイメージを見ることはいつでもあってもいいような気がします。

自分の感情か？　相手の感情か？

事柄か？　気持ちか？

自分の中でちゃんと分けられているかどうかがポイントです。

14. 聴くことは難しい？

「こんなにもカウンセリングやコーチングが知られているのに聴き上手は増えていない」

これが私の結論です。もっといえば「聴けない人が増えている」と言っても言い過ぎではないかもしれません。個別に見れば身近に聴き上手ができたという人もいるでしょう。でもやはり全体としては増えていません。

２００５年に初めて傾聴をお伝えし始めた頃、傾聴の認知度はかなり低いものでした。心理学を学んだことがある一部の人だけが知っている用語でした。一般の人にとっては、傾聴というその言葉の響きからただ前のめりになって、一生懸命聴く程度の理解でした。

私自身も、傾聴を学び始めるまでは似たようなものでした。聴くことに対するニーズより相手をどのようにして思い通りに動かすかへのニーズがまだまだ高い時代でした。

当時知り合いだった経営者に傾聴の大切さを説いたら「でもね、やっぱりビジネスではどう伝えるかのほうが大事だよ」とあたりまえに諭されました。

そのころに比べたら、最近は傾聴のニーズはものすごく増えました。

本も増えました。学べる場も増えました。数年前からは傾聴ボランティアブームもはじまっています。傾聴の認知度はここ数年急に上がったと感じています。

事実いまでは、講座参加者の8~9割はインターネットで「傾聴」と検索をかけてくる方です。傾聴も出世したものです。

昔はAmazonで検索をかけても「聴く」あるいは「聞く」に関する本は数える程だったのに、いまでは何百冊もあってどれにしようか悩みます。

「きく」ことに関心が高い人にとってはよりどりみどりの贅沢な時代です。

阿川佐和子さんの本がベストセラーになったように、「きく」ことがいま注目されています。

にもかかわらず周りには聴き上手があまり増えていません。

傾聴の認知度が上がっている割には聴き上手は増えていないと思うのです。

あなたの話をちゃんと聴いてくれる人はいま何人いますか？　3人以上あげられる人はかなり恵まれている人です。

また本人は聴けているつもりでいて本当は聴けない人というのも増えています。

カウンセリングを受けに行った人が言いました。

「カウンセリングにいったら、ただ言葉をくり返されただけで1時間が過ぎた」

また別の人は言いました。

「カウンセラー（と名乗る人）があろこうしろ、1から10までアドバイスしてくれた」。

聴けているつもりで聴けてない人もずいぶんいるようです。


ある時、カウンセラー向けの勉強会に受講生として参加した時のことです。

講座が終わりに近づいた頃、ファシリテーターの先生から全員一つの輪になって椅子に座るように指示がありました。

その場には20名ほどがいました。

先生も輪に入り、自分の右手側にいる人から順番に、今日一日講座に参加した感想を一人1分ずつ話していくようにと言われました。

そして先生は一人話し終えるごとに「**あなたは○○について△△と感じている**」と要約をし始めたのです。

その場にいた全員分の要約をあまりに的確に行う様はまさに圧巻。

「ミセス要約」という呼び名がぴったりでした。

印象深い経験でした。

あの先生くらい的確に主訴が捉えられたらきっと素晴らしいカウンセラーになるだろう

と感動して帰りました。

その後ときどきその日のことを思い出す事があったのですが、最初に感じていた感動はだんだんと疑問に変わっていきました。

その疑問とは、なぜ「ミセス傾聴」ではなく「ミセス要約」なんだろう?ということです。幾度となくこの疑問が頭の中に浮かんできました。

でも何度思い返してみてもあの場面は「ミセス傾聴」ではなく「ミセス要約」なのです。

それから3年くらいたってようやく一つの結論にたどり着きました。

「あれは傾聴ではなく、ただの要約だ」

的確で上手な要約だけれども、**まったく気持ちに寄りそった感じがなかった。**

淡々とこなしていく風貌はまさにロボット。

その後も何度か似たような人に出会う機会があり、いつしか無感情にくり返し、要約をする人のことを「傾聴ロボット」と呼ぶようになりました。

最近は個人だけでなく企業研修などでも聴く練習をしますが、いくら話の内容を完璧に要約できても、そこに気持ちが乗っていなければ「傾聴」にはなりません。

人のことばかり言っていると自分はどうなのかとケチがつきます。

私自身の話もしましょう。

講座の中では、私が誰かの話を聴いている姿を参加者に見ていただくことがあります。

あるときくり返しの練習方法をお伝えしようと思い、何をするかはとりあえず言わずに、参加者の一人に話し手役になってもらいました。

そして数分間、くり返しを入れながらお話を聴きました。

私なりにポイントを押さえてくり返した、なんて思っていたのですが、話し手役をしてくれた人に「いま私が聴きましたがいかがだったでしょうか?」と質問したら、「はい。とても上手にくり返していただきました。ありがとうございます!」と言われてしまいました。

わざとらしいくり返しがバレバレだったのでしょうね。

恥ずかしくて顔と耳が真っ赤になってしまいました。

その場から逃げ出したくなりました。

新しいことに挑戦する過程では、型にハマったり失敗して恥ずかしい思いをすることもあるでしょう。そこを乗り越えてはじめて成長するわけです。

チャレンジして失敗した人を指差して「できていない」と指摘するのは醜いことです。
ここでお伝えしたいのは、上手にできないことへの非難ではなく、本当は聴けていないのに聴けていると思いこんだまま誰かに接すれば、それもまた暴力になりうるということです。それは防ぎたいと思うのです。

傾聴は難しいかもしれません。
上手に聴けているかいないかよりも、「聴けていない」意識があるか。
これを大事にしてください。

あとがき

本書では「なぜ聴けないのか？」に焦点を当ててお話ししてきました。できない理由に正面から触れることが、できるようになるための最も近道だと思うからです。もしかしたら身に覚えがありすぎて耳が痛いという話もあるかもしれません。でも気にしないでください。もし仮にそういうことがあっても誰かを責めているのではありません。あなたにとって耳が痛い話は私にとっても充分耳が痛い話です。

またここでお伝えすることだけが、傾聴の真実だと押しつけるつもりもありません。私よりずっと傾聴できる人やもっと有名な先生はたくさんいます。そういう先生方に実際どうなのか訊いてみるのもいいでしょう。本書は私が経験してきた事実をご紹介しているだけのものです。みなさんにそれが当てはまるとは思いません。

しかし未熟ながらも15年以上続けてきた経験からわかったことがあります。そのことについては出し惜しみすることなくお伝えしました。

初心者の方にとっては、いままでとは違う、新しいコミュニケーションのスタイルを知っていただけたのではないかと思います。

傾聴の「受け止める」という、とてもユニークで独創的な聴き方がプラスされると、コミュニケーションの幅が広がるはずです。

経験者の方にとっては、いままで漠然と理解していたことがクリアになるヒントがあったかもしれません。教科書には書いていない話が多い分、発見もあるかもしれません。でも逆に教科書には書いていない分、受け入れにくく感じたものがあるかもしれません。

初心者の方も経験者の方も、どうぞ受け入れられない部分は読み流してください。自分で使えそうなところだけいいとこどりして使ってください。

形にとらわれることなく、本書が本当に聴きたいと願うあなたの一助となることを願っています。

*

私の夢は「100年後の子供たちが今よりも笑顔で暮らせる日本を作りたい！」ということです。それを傾聴という手段を使って実現しようとしています。

では傾聴を使ってどうやって100年後の子供たちの笑顔を増やすか？　その答えは私

の中で明確に見えています。聴いてあげて誰かを楽にしてあげることを考えるより先に、まず聴く人から楽になることです。聴く人自身が自分を信頼し本当に楽に聞くことができれば、聴いてもらう人が楽にならないはずはありません。

大人の楽が子供に伝播し、子供の楽が孫に伝播する。それをくり返していくうちに100年後の子供たちはきっと笑顔になっているはずです。

ではなぜ楽な聴き上手がまだ増えていないのか？　その一番大きな原因が、現代人の多くが抱える自分と自分との関係の悪さであることを突き止めました。

この発見（？）は、傾聴を学び始めてからじわじわと少しずつ気づいてきたものではありませんでした。ある時急に気づいた瞬間がありました。

傾聴の講師を始めてから4年ほどの間、傾聴講師であるにもかかわらずまったく聴けないことに悩んでいました。講師を始めて何年もたつのにまったく聴けていない。

話を聴くということに、ある種の恐怖を覚えていました。

でも年齢も35歳を超えてしまい、いまさら違う仕事を始めるわけにもいきません。

小さな子供もいるし、どうしたらいいものかと日々悶々と苦しんでいました。

そんなある日、以前から体調を崩していた京都に住む祖母が亡くなり、お葬式のため京都に行く機会がありました。

祖母の死は何年も前から準備できていたことであり感謝しつつも特別な思いはありませんでした。淡々と葬儀に参列し、葬式の当日は京都駅前のビジネスホテルをとりそこに泊まりました。

夜、京都駅の前を歩いていた時、満月がぽっかりと京都駅と京都タワーの上に浮かんでいた光景がなぜか今も脳裏に焼き付いています。


その翌日は私にとって大きな転機となりました。

私は新幹線で帰途につきました。子供のころから新幹線に乗るのが大好きなのに車内ではずっと何かしながらも、悶々と頭の中で自分を責めることばかり考えていました。

「なんで聴けないんだろう?」

「ダメだなぁ俺は…」

「あの人の方が自分よりいい仕事しているよな…」

「これからどうしたらいいものか…」

形ばかりのうなずき、あいづち、くり返しでは先が見えない、前にも後にも進めないいまさに憂鬱という言葉がぴったりの八方塞がりの状況でした。

しかし、私の中に大きな変化をもたらしたその出来事は、突然にやってきました。

うとうとと寝ていたのですが下車駅である新横浜に着く少し前「まもなく新横浜です」という車内放送で目が覚めて、さあ動き出そうかと思ったその瞬間です。

突然頭の中にある言葉が降りてきたのです。

「聴けても、聴けなくても生きてるじゃない」

淡々とでもハッキリと。

一瞬周囲を見回しましたがもちろん誰も話しかけていません。

なんだろうと一瞬止まった次の瞬間、なぜか目から涙があふれ出ていました。


私は決して涙もろい方ではありません。

大人になってから人前で泣いたりしたことはないのに、なぜか新横浜に到着した時には泣きたくもないのに涙がこぼれて止まらなくなっていたのです。

周りの状況がどうだったか覚えていません。

ただどうにかそのまま駅のホームに降りて、シートに腰掛けてうつむいたままこの止まらない涙をどうしたものか冷静に考えている自分がいました。

生まれて初めて自分の心の声がちゃんと聴こえた瞬間でした。

その日からちょくちょく心の声が聴こえてくるようになりました。

たとえば、娘の保育園卒園が近付いたある日は、迎えに行った車を運転中に信号待ちをしている時に突然「5年間よく送り迎えしたよね〜」という声が降りてきました。

そんな経験が何回かあるうちに年甲斐もなく自分の中に天使がいると信じるようになりました（もちろん悪魔も）。

そしてこの天使は突然降りてくるだけでなく、自分で増やすこともできることがわかりました。

楽ではありませんが何より自分がそれを望んでいたのです。


まだまだ自分とのつきあい方が上手でないと思いますが、一生続くこととして気長に学んで行きたいと思っています。

完ぺきではないものでも、そうこうしているうちに自分が楽に聴けるようになり、他人の話が聴きやすくなってきたから不思議です。

そこでぜひこの聴き上手の秘訣をお伝えしていきたいと思うようになりました。

私の聴き方を、誰かに「これこそが正解だ」と押し付けるつもりはありません。ただ私の中では、自分が楽になっただけ人の話が聴きやすくなるというのはものすごく自然なことなので、それに魅力を感じてくれる人がいればいいなという気持ちです。**誰かが我慢するのではなく、みんなが楽になるために傾聴が使えたら、いいと思いませんか？**

ただ、本書に書いたことは、あまりにも一般的に知られている傾聴と視点が違うので、経験者の方ほど戸惑われたかもしれません。また傾聴を知りたいと初めて手に取った本が本書だったとすると、よけい混乱したという人もいるかもしれません。

聴けないと感じた時に、また本書を読み返していただければ幸いです。

もしかしたらヒントがあるかもしれません。

考え方、価値観の違いを問わず傾聴に関心があるすべての人にこの本をおくります。

そして愛する家族と、これからの未来を生きる子供たちのために。

最後までお読みいただきありがとうございます。

最後にもう一度だけ、一番伝えたかったことを言わせてください。

聴き上手を目指すなら、あなたを一番大切にしてあげてください。

岩松 正史（いわまつ・まさふみ）　心理カウンセラー、傾聴講師
一般社団法人日本傾聴能力開発協会代表
飯田橋カウンセリングルーム代表　傾聴ボランティアの会エール代表
長野県出身。東海大学政治経済学部卒。
コンビニエンスストア本部スーパーバイザー、プログラマー、人材育成を専門とする会社を経てJKDA一般社団法人日本傾聴能力開発協会設立。
［JKDA一般社団法人日本傾聴能力開発協会］ https://jkda.or.jp
2006年に横浜でカウンセラーによる無料悩み相談会を立ち上げ、マスコミにも取り上げられる。
2007年から7年間引きこもり支援NPOの相談員を務める。
2010年から東京都千代田区、台東区の傾聴ボランティア養成講座に関わる。厚生労働省管轄の神奈川県西部地域若者サポートステーション事業の立ち上げメンバーとして年間100以上の面談を担当。
2012年飯田橋カウンセリングルームを立ち上げ。
2015年一般社団法人日本傾聴能力開発協会設立、37都道府県3か国で認定傾聴サポーター®や講師を育成中。官公庁、企業、医療機関、社会福祉協議会などで年間160日以上研修、講演を実施するプロ講師（2018年実績）。2007年からはじめた「傾聴1日講座®」の開催は380回、5000人を超える。同講座の認定講師50人以上育成。2015年より育成を始めた認定傾聴サポーター®は37都道府県3カ国（フランス、台湾、ミャンマー）で210名が活躍中（2021年5月現在）。
資格：キャリアコンサルタント、産業カウンセラー、心理相談員　他
（過去の研修実績、講座参加者の所属企業）特許庁、NTT、日本赤十字病院、オリエンタルランド、アステラス製薬、セブン‐イレブン・ジャパン、ファミリーマート、東芝、パナソニック、リクルート、パソナ、セイコーエプソン、ノーリツ、パルシステム、富士ソフト、ブラザー工業、ベネッセコーポレーション、三井生命保険、メディセオ、郵便局、社会福祉協議会　他多数。その他、幼稚園、保育園、小・中・高職員、大学教授、医師、看護士、介護職、相談業務従事者、学生、主婦、フリーター、個人事業主や経営者、会社員、公務員、定年退職後の方まで多くの方が受講。

「ねえ、私《わたし》の話《はなし》聞《き》いてる？」と言《い》われない「聴《き》く力《ちから》」の強化書《きょうかしょ》
あなたを聞き上手にする「傾聴力スイッチ」のつくりかた
二〇一四年（平成二十六年）十二月二十九日　初版発行
二〇二一年（令和三年）九月一日　第二版第一刷発行
著　者　岩松 正史
発行者　石井 悟
発行所　株式会社自由国民社
https://www.jiyu.co.jp/
東京都豊島区高田三―一〇―一一
〒一七一―〇〇三三
電話〇三―六二三三―〇七八一（代表）
造　本　JK
装　画　さわたりしげお
印刷所　大日本印刷株式会社
製本所　新風製本株式会社